韩语
MP3

韩语基础和46个核心韩语语法

韩语语法超图解

中文版 **46**

MP3下载地址
www.donginrang.co.kr

동인랑

KB137952

序文
머리말

대학에서 유학생을 대상으로 한국어를 가르치다가 난관에 부딪치는 모습 중에 하나는 배우는 학생들 모두가 한국어 문법이 어렵다는 것이다. 저자도 과거 학창시절 기억이 생생하게 떠오른다. 영어를 배울 때, 영문법에 상당한 노력과 시간을 투자했던 기억이 있다. 외국어를 공부하는 모든 학습자가 공통으로 느끼는 것이 아마 이처럼 학습하고 있는 외국어의 문법부분일 것 같다.

현재도 국내외를 막론하고 한국어를 공부하는 **외국인들의 가장 큰 어려움중의 하나가 한국어 문법**임에는 틀림없는 사실이다. 그 중에서도 특히 용언이라고 하는 동사와 형용사 같은 어미활용이 아주 힘들다고 한결같이 토로하는 것을 많이 겪었다. 이 부분이 한국어를 공부하는 외국인들이 넘어야 할 산이 아닌가 생각한다. 저자는 이러한 부분을 최대한 쉽게 해결해주고자 **한국어의 문법을 되도록이면 간단하고 핵심적으로 설명하는 책**을 만들고자 시도를 한 것이 본 학습서이다.

대학에서는 국문학을 전공하고 석사과정에서는 동양철학 영역을 박사과정에서는 중문학을 경험하여 한·중 두 나라 언어에 대하여 그리고 중국 유학생을 여러 해 가르친 경험에 의하여 한국어교수법에서 장단점이 조금 눈이 트인 까닭에 우선 중국인을 위한 한국어 문법안내교재를 생각했다.

따라서 본 교재를 집필함에 있어서도 설명의 방법을 가급적이면 중국인의 입장에서 하려고 하였다. 그리고 본 교재에서는 한국어를 배우려는 중국인 한국어 학습자를 위하여 중국어로 설명을 하였음을 밝힌다. 가급적 한국적인 표현을 줄이고 현지인의 표현법을 살리면서 설명을 하려다보니 어떤 부분은 한국의 입장에서 보면 표현이 다르게 느껴지는 부분이 있을 수 있다. 그러나 이것은 한국인이 보는 문법 안내 교재이기 보다는 중국인이 한국어를 익히기 위해 보는 문법 안내 교재이므로 언어의 차이와 표현의 차이 등이 있을 수 있음도 미리 밝혀둔다.

아울러 이 교재를 가지고 한국어를 공부하는 중국인 한국어 학습자들에게 약소하나마 한국어 실력 향상에 큰 도움이 되기를 바라는 마음 간절하다. 한국어를 공부하는 학습자 모두가 한국어로 의사소통이 자유롭게 되어 각자가 이루려는 목표를 달성하는 날이 빨리 오기를 바라는 마음으로 이 교재를 여러분들에게 조심스럽게 내보인다.

본 교재를 출판할 수 있도록 많은 수고를 아끼지 않은 동인랑 김인숙 실장님과 교재 참여에 수고를 하신 여러분께도 감사를 드린다.

在大学里长期教授留学生韩语时发现，所有的学生都感觉到学习韩国语语法很困难。作者在学生时代学习英语时也同样在语法方面投入了很多精力。所有学习外语的朋友大概都对外国语语法的抱着相同的看法。

对于外国人而言学习韩国语最大的困难就是韩国语语法，这是不争的事实。 特别是动词和形容词等谓语的使用让人十分头痛。
作者为了帮助大家轻松越过这座语法大山在此书中简单明了的解释说明了韩国语语法。

作者在大学时学习了韩国国文国语学，硕士研究生期间攻读了东方哲学专业，博士时则研究了中国文学，因此在韩中两国语言上有所建树，并且在长期教授中国留学生的经验中总结了一些韩国语教学方法，所以想到优先为中国人编写一本韩国语语法教材。

在本教材中作者尽量站在中国学习者的角度上并且使用中文来说明语法。为了符合中国人的思维方式尽量避免使用韩国式的表达方法，所以某些部分的表达会让韩国人觉得有些异样。
但是这是为了让中国人学习韩语而使用的语法教材，因此区别于韩国人所使用的语法教材。

希望本教材能够帮助广大学习韩国语的中国朋友在韩语学习上更上一层楼，并且衷心祝福大家学好韩国语并且早日实现自己的目标。
在此对为了本教材的出版而尽心尽力的 東仁郎 金仁淑 科长和参与出版工作的各位致以最诚挚的谢意。

저자 김 청 환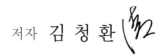

이 책의 **활용방법**

제 1 부 한국어 기초

★문자와 발음 文字和发音

한국어 기초를 다지기 위한 문자와 발음

한국어의 모음과 자음을 통해
쉽고 간단하게 한국어 발음의 기초를 다진다.

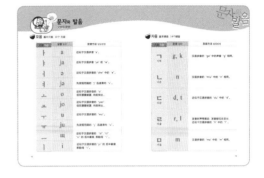

쓰면서 익히는 한국어 단어

꼭 알아야할 필수단어들을 쓰면서 익힌다.

★한글 기본음 구성방법 音节的构成

구조를 보면 쉽게 알 수 있다! 한글음절

한글의 기본음절 하나하나가 어떻게 구성되었는지
한 눈에 알기 쉽다.

★핵심정리문법 46개 核心整理语法

간단하고 핵심적인 설명으로 익히는 한국어문법

핵심적인 한국어 문법을 108개로 정리하여
쉽고 간단하게 문법을 끝낸다.

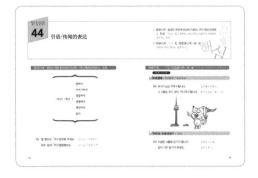

 확인연습! 简单确认练习

확실하게 기초를 다지는 연습문제

배운 문법을 연습문제를 통하여 다시 한 번
확인하고 반복한다.

 정답 卷子은요~

연습문제의 정답

연습문제의 정답을 바로바로 확인할 수 있어
쉽고 편리하다.

중국어로 설명되어 있어 중국인 **누구나 할 수 있다!**

目录
목차

한국어 문법 이대로 하면 아~주 쉽다.

제1부 한국어 기초

☆문자와 발음 文字和发音

1. 모음 元音   12

2. 자음 辅音   13

3. 복모음 또는 이중모음   15

4. 복자음 또는 쌍자음   18

    다 함께 연습해 봅시다!   19

5. 겹받침   20

☆한글 기본음 구성방법 音节的构成

1. 초성 + 중성 (자음 + 모음)   21

    다 함께 연습해 봅시다!   22

2. 초성 + 중성 + 종성 (자음 + 모음 + 자음)   24

    다 함께 연습해 봅시다!   25

3. 초성 + 중성 (자음 + 모음), 초성+ 중성 + 종성   26

    (자음 + 모음+ 자음) 의 예외

    다 함께 연습해 봅시다!   27

제2부 핵심정리 46개 한국어 문법

1	★	~는 / ~은 / ~가 / ~이 主格助词	30
2	★	~도 助词	32
3	★	~입니다. 阵述形语尾 / ~입니까? 尊敬的疑问形	34
4	★	~가 아닙니다. / ~이 아닙니다. 判断句的否定形	36
5	★	体词和谓词 体言和用言	38
6	★	谓词的原形	40
7	★	~가 / ~이 主格助词	42
8	★	~의 助词	44
9	★	이것, 저것, 그것, 어느 것 指示代名词	46
10	★	缩约形	48
11	★	阳性元音与阴性元音	50
12	★	~ㄹ까요? / ~을까요?	52
13	★	ㅂ 音变规则	54
14	★	여기, 저기, 거기, 어디 指示场所的代名词	56
15	★	疑問詞	58
16	★	수사 数词	61
17	★	~ㅂ니다. / ~습니다. / ~ㅂ니까? / ~습니까?	66
18	★	~에 助词	68

目录
목차

한국어 문법 이대로 하면 아~주 쉽다.

19 ★ ~를 / ~을 目的格助词   70

20 ★ ~와, ~과, ~하고   72

21 ★ 숫자 固有数词   74

22 ★ ~시 반 / ~분 전 时间的表示方法   78

23 ★ ~에서 ~까지 / ~부터 ~까지   80

24 ★ 안~ / ~지 않다 / ~지 않습니다. / ~지 않습니까? 否定形(不~)   82

25 ★ 못~   86

26 ★ ~ 있습니다. / ~없습니다. 存在词   88

27 ★ 나이 年龄的表达方法   90

28 ★ 무엇을 셀 때 单位名词   92

29 ★ 방향 表达方位的词语   98

30 ★ ~아요, / ~어요. / ~아요? / ~어요?   101

31 ★ ~에서 出发点   104

32 ★ ~에게 / ~한테 与格助词   106

33 ★ ~에게서 / ~한테서 / ~에서 / ~부터 助词   108

34 ★ ~로 / ~으로 助词   110

35 ★ 았 / 었 过去时制词尾   112

36 ★ ㄷ 音变规则   116

37　★　으 词干　　　118

38　★　**尊敬语**　　　120

39　★　**特殊的尊敬语**　　　124

40　★　∼(으)세요. / ∼(으)세요? / ∼(으)십시오. / ∼지 마십시오.　　　126

41　★　ㄹ 词干　　　129

42　★　∼ㄹ까요? / ∼을까요?　　　131

43　★　∼ㅂ시다. / ∼읍시다.　　　133

44　★　∼겠　　　136

45　★　∼러 / ∼으러　　　138

46　★　∼보다 / ∼보다는 / ∼보다도　　　140

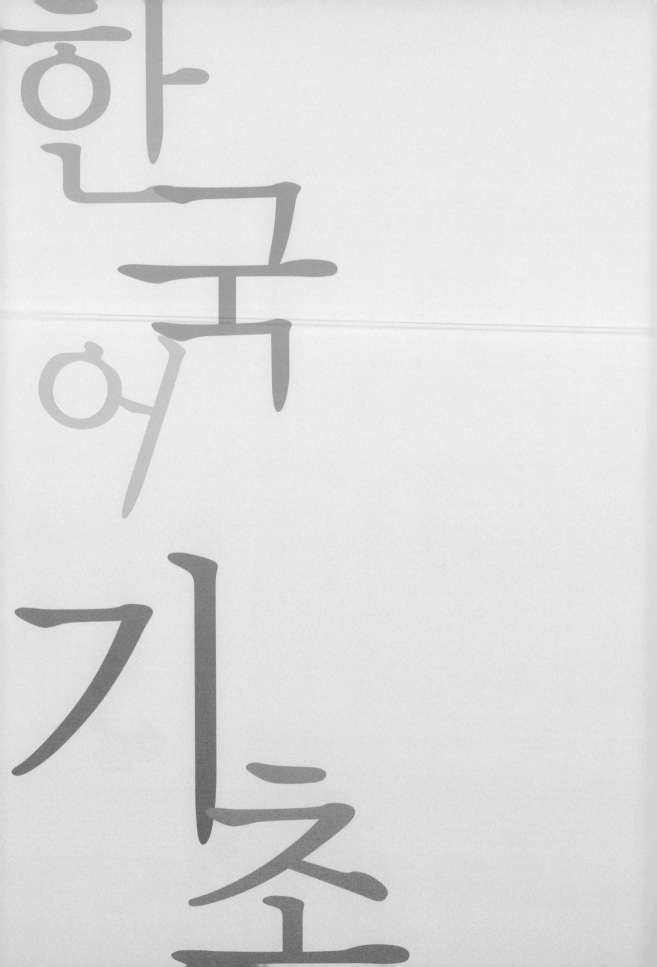

제 1 부

한국어 기초

韩语基础

한국어의 기본적인 발음을
익히는 코너이다.
学习韩文基础发音篇。

문자와 발음
文字和发音

모음 基本元音，10个 元音

元音 원음	发音 발음	发音方法 발음방법
ㅏ	a	近似于汉语拼音 "a"。
ㅑ	ja	近似于汉语拼音 "ya" 或 "ia"。
ㅓ	ə	近似于汉语拼音的 "zhe" 中的 "e"。
ㅕ	jə	先发短而弱的 "j" 迅速滑向 "ə"。
ㅗ	o	近似于汉语拼音的 "o"，但双唇要拔圆，向前突出。
ㅛ	jo	近似于汉语拼音的 "yao"，但双唇要拔圆，向前突出。
ㅜ	u	近似于汉语拼音的 "wu"。
ㅠ	ju	先发短而弱的 "j" 迅速滑向 "u"。
ㅡ	ɯ	近似于汉语拼音的 "zi"，"ci"，"si" 的 后半截音，即韵母 "i"。
ㅣ	i	近似于汉语拼音的 "yi" 的 后半截音，即韵母 "i"。

② 자음 基本辅音, 14个辅音

元音 원음	发音 발음	发音方法 발음방법
ㄱ 기역	g, k	汉语拼音的"ge"中的声音"g"相同。
ㄴ 니은	n	汉语拼音的"na"中的"n"相同。
ㄷ 디귿	d, t	近似于汉语拼音的"du"中的"d"。
ㄹ 리을	r, l	发音时声带振动，发音部位在舌尖，近似于汉语拼音的"li"中的"l"。
ㅁ 미음	m	汉语拼音的"ma"中的"m"相同。

元音 원음	发音 발음	发音方法 발음방법
ㅂ 비읍	p, b	近似于汉语拼音 "ba" 中的 "b"。
ㅅ 시옷	s, ʃ	近似于汉语拼音 "s"。
ㅇ 이응	ŋ, ø	在元音前无音位, 元音后发 "ŋ"。
ㅈ 지읒	dʒ / z	近似干汉语拼音 "zi" 中的 "z"。
ㅊ 치읓	ch, tʃ	近似干汉语拼音 "ci" 中的 "c"。
ㅋ 키읔	k	近似干汉语拼音 "ku" 中的 "k"。

元音 원음	发音 발음	发音方法 발음방법
ㅌ 티읕	t	近似干汉语拼音 "te" 中的 "t"。
ㅍ 피읖	p	近似干汉语拼音 "pa" 中的 "p"。
ㅎ 히읗	h	近似干汉语拼音 "han" 中的 "h"。

③ 복모음 또는 이중모음 双元音

元音 원음	组合 조합	发音方法 발음방법
애 [æ]	ㅏ + ㅣ	近似于汉语拼音 "yan" 中的 "a"。
얘 [yae]	ㅑ + ㅣ	近似于汉语拼音 "yan" 中的 "ya"。

문자와 발음 Track 01

문자와 발음
文字和发音

元音 원음	组合 조합	发音方法 발음방법
에 [e]	ㅓ + ㅣ	近似于汉语拼音 "jie" 中的 "ie"。
예 [ye]	ㅕ + ㅣ	近似于汉语拼音 "ye" 的 发音。
와 [wa]	ㅗ + ㅏ	近似于汉语拼音 "kua" 中的 "ua", 由 "u" 迅速滑到 "a"。
왜 [wɛ]	ㅗ + ㅐ	由 "u" 迅速滑到 "ɛ"。
외 [we]	ㅗ + ㅣ	近似于汉语拼音 "yue" 的 发音。
워 [wə]	ㅜ + ㅓ	近似于汉语拼音 "guo" 中的 "uo"。

元音 원음	组合 조합	发音方法 발음방법
웨 [we]	ㅜ + ㅔ	比汉语拼音 "yue" 嘴唇更往前拢。
위 [wi]	ㅜ + ㅣ	近似于汉语拼音 "nü" 中的 "ü"。
의 [ɰi]	ㅡ + ㅣ	从汉语 "ci" 的 "i" 迅速滑到 "yi"。

* 사전에서 낱말을 찾을 때, 모음의 순서는 다음과 같다. 查字典时的元音排列顺序。

아, 애 ➡ 야, 얘 ➡ 어, 에, 여, 예 ➡ 오, 와, 왜, 외, 요 ➡ 우, 워, 웨, 위, 유 ➡ 으, 의, 이

문자와 발음

文字和发音

4 복자음 또는 쌍자음 紧音

元音 원음	发音 발음	发音方法 발음방법
ㄲ 쌍기역	gg, kk	"까" 其发音要领为收紧喉咙， 要比 "가" 发得硬， 发音时，近似拼音 "gan" 中的 "g"。
ㄸ 쌍디귿	tt	"따" 其发音要领为收紧喉咙， 要比 "다" 发得硬， 发音时，近似拼音 "da" 中的 "d"。
ㅃ 쌍비읍	bb	"빠" 其发音要领为收紧喉咙， 要比 "바" 发得硬， 发音时，近似拼音 "bai" 中的 "b"。
ㅆ 쌍시옷	ss	"싸" 其发音要领为收紧喉咙， 要比 "사" 发得硬， 发音时，近似拼音 "shuai" 中的 "sh"。
ㅉ 쌍지읒	jj	"짜" 其发音要领为收紧喉咙， 要比 "자" 发得硬， 发音时，近似拼音 "zhan" 中的 "zh"。

다 함께 **연습** 해봅시다! **쓰기연습** 书写练习

Track 01

꼬마 小孩, 小鬼	꼬마	꼬마	꼬마

빨대 吸管	빨대	빨대	빨대

끄다 滅	끄다	끄다	끄다

씨름 摔跤	씨름	씨름	씨름

꼬리곰탕 尾巴汤	꼬리곰탕	꼬리곰탕	

아가씨 小姐	아가씨	아가씨	

꽁치 秋刀鱼	꽁치	꽁치	꽁치

씨앗 种子	씨앗	씨앗	씨앗

뜨게질 编结	뜨게질	뜨게질	

쓰다 写	쓰다	쓰다	쓰다

뜨겁게 热	뜨겁게	뜨겁게	

쓰레받기 簸箕	쓰레받기	쓰레받기	

뻐꾸기 布谷鸟	뻐꾸기	뻐꾸기	

쓸다 扫	쓸다	쓸다	쓸다

뽀뽀 亲吻	뽀뽀	뽀뽀	뽀뽀

찌개 熬汤	찌개	찌개	찌개

오빠 哥哥	오빠	오빠	오빠

찌다 蒸	찌다	찌다	찌다

빨리 快	빨리	빨리	빨리

깨다 打破, 醒	깨다	깨다	깨다

 Track 01

문자와 발음
文字和发音

5 겹받침 双韵尾

由两个不同的辅音收尾的叫 "겹받침"。

기본발음 **k** ㄳ, (ㄺ)	연습 넋 灵魂 닭 鸡	읽다 念 흙 土壤

기본발음 **n** ㄵ, ㄶ	연습 앉다 坐 끊다 断绝	많다 多

기본발음 **l** ㄼ, ㄽ, ㄾ, ㅀ	연습 여덟 八 핥다 舔	외곬 单方面, 独沟 잃다 丢失

기본발음 **m** (ㄻ)	연습 젊다 年轻	닮다 像似

기본발음 **p** ㅄ, (ㄿ)	연습 값 价, 价钱	읊다 吟咏

发音 발음 双韵尾中左边的就是, ㄳ, ㄵ, ㄶ, ㄼ, ㄽ, ㄾ, ㅀ, ㅄ
右边的就是, ㄺ, ㄻ, ㄿ。

예외 밟다 (发右边的。)

한글 **기본음** 구성방법
音节的构成

Ⅰ 초성 + 중성 (자음 + 모음)

初声 + 中声(辅音 + 元音)

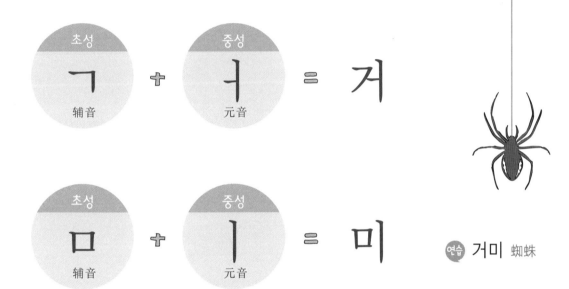

초성
ㄱ
辅音

+

중성
ㅓ
元音

=

거

초성
ㅁ
辅音

+

중성
ㅣ
元音

=

미

연습 **거미** 蜘蛛

다 함께 연습 해봅시다! 쓰기연습 书写练习

거미 蜘蛛	거미	거미	거미

다리미 熨头	다리미		다리미

구두 皮鞋	구두	구두	구두

수도 首都	수도	수도	수도

아기 小孩儿	아기	아기	아기

기러기 雁	기러기		기러기

고구마 白薯	고구마	고구마	

머리 头	머리	머리	머리

가게 商店	가게	가게	가게

모자 帽子	모자	모자	모자

나비 蝴蝶	나비	나비	나비

나무 树，树木	나무	나무	나무

누나 姐姐	누나	누나	누나

주머니 口袋	주머니		주머니

뉴스 新闻	뉴스	뉴스	뉴스

바지 裤子	바지	바지	바지

두부 豆腐	두부	두부	두부

사자 狮子	사자	사자	사자

지도 地图	지도	지도	지도

소나무 松树	소나무		소나무

도시 城市	도시	도시	도시	고추 辣椒	고추	고추	고추
소리 声，声音	소리	소리	소리	조카 侄子	조카	조카	조카
오리 鸭子	오리	오리	오리	커피 咖啡	커피	커피	커피
여자 女子，女人	여자	여자	여자	투수 投手	투수	투수	투수
여기 这儿	여기	여기	여기	사투리 土语，方言	사투리		사투리
기자 记者	기자	기자	기자	파도 波浪	파도	파도	파도
주사 打针	주사	주사	주사	우표 邮票	우표	우표	우표
지구 地球	지구	지구	지구	피아노 钢琴	피아노		피아노
아주머니 嫂嫂	아주머니	아주머니		휴지 卫生纸	휴지	휴지	휴지
기차 火车	기차	기차	기차	호수 湖	호수	호수	호수

音节的构成

2 초성 + 중성 + 종성(자음 + 모음 + 자음)

初声+中声+終声(辅音+元音+辅音)

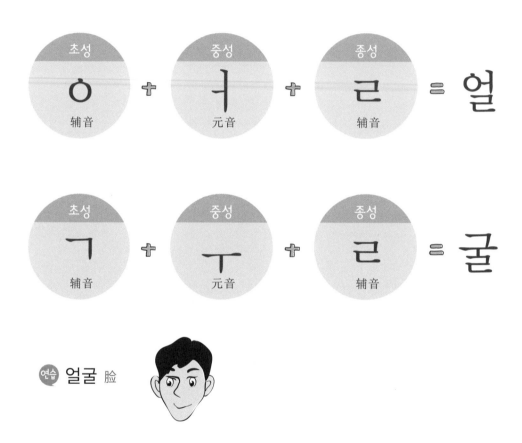

초성		중성		종성		
ㅇ	+	ㅓ	+	ㄹ	=	얼
辅音		元音		辅音		

초성		중성		종성		
ㄱ	+	ㅜ	+	ㄹ	=	굴
辅音		元音		辅音		

연습 얼굴 脸

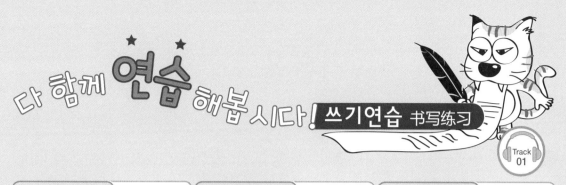

다 함께 **연습**해봅시다! 쓰기연습 书写练习

얼굴	얼굴	한국	한국	명령	명령
脸		韩国		命令	
봄	봄	중국	중국	직장	직장
春天		中国		职场	
책	책	일본	일본	상업	상업
书		日本		商业	
끝	끝	식탁	식탁	민족	민족
末，最后		餐桌		民族	
곧	곧	병원	병원	장군	장군
马上，就		医院		将军	
손님	손님	신발	신발	경험	경험
客人		鞋		经验	
삼촌	삼촌	방문	방문	성공	성공
叔叔		访问		成功	
남편	남편	직업	직업	문학	문학
丈夫		职业		文学	
동생	동생	상점	상점	음악	음악
弟弟，妹妹		商店		音乐	
약국	약국	전체	전체	능력	능력
药店		全体		能力	

25

3 **초성 + 중성**(자음 + 모음)**, 초성 + 중성 + 종성** (자음 + 모음 + 자음) **의 예외**

初声+中声(辅音+元音), 初声+中声+終声(辅音+元音+辅音) 的例外

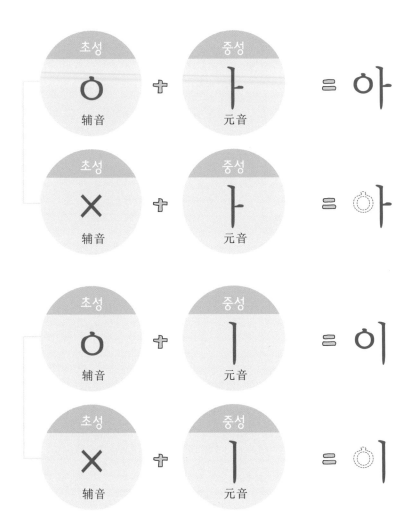

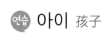 아이 *孩子*

 没有初声的实际音值,为了字形美观。

书写时,添加 "ㅇ" 的生河例。

아이 孩子	아이	아이	아이	아이	아이	아이	아이	아이
오이 黄瓜	오이	오이	오이	오이	오이	오이	오이	오이
이 二, 牙	이	이	이	이	이	이	이	이
오 五	오	오	오	오	오	오	오	오
우애 友爱	우애	우애	우애	우애	우애	우애	우애	우애
왜 为什么	왜	왜	왜	왜	왜	왜	왜	왜
여우 狐狸	여우	여우	여우	여우	여우	여우	여우	여우
우유 牛奶	우유	우유	우유	우유	우유	우유	우유	우유
여유 余裕	여유	여유	여유	여유	여유	여유	여유	여유
위 上, 胃	위	위	위	위	위	위	위	위

제 2 부

핵심정리 108개 한국어 문법

核心整理108个韩国语语法

한국어 문법의 핵심이 되는 표현을
108개로 정리한 코너이다.
학습 후, 연습문제를 풀면서 재확인 하자!

108个韩文语法核心例句。
通过习题来巩固学习！

01

~는 / ~은 / ~가 / ~이 主格助词

用在体词后(名词, 代名词, 数词)主要表示主语。

以元音结束的单词后接 "는", "가",

以辅音结束的单词后接 "은", "이"。

以元音结束的单词后接 "~는", "가"。

例 나 我

아버지 爸爸

친구 朋友

의사 大夫

+ 는, 가

注意 주의

나 + 가 = 나가(✗)

내가(○)

以辅音结束的单词后接 "~은", "이"。

例 형 哥哥

동생 弟弟, 妹妹

대학생 大学生

회사원 公司职员

+ 은, 이

核心整理

○ 元音 + 는, 가

○ 辅音 + 은, 이

간단 확인연습! 简单确认练习

아래 문제의 〇〇〇 에 "은"과 "는"을 구분하여 넣어보세요.

请在下列句子的空格内，正确填写助词 "은" 或 "는"。

① 저 〇〇〇 태권도를 배우고 있습니다.

我在学跆拳道。

▶ 태권도 跆拳道

② 아버지 〇〇〇 은행원입니다.

爸爸是银行职员。

③ 경호씨 〇〇〇 운동선수입니다.

京浩是运动员。

④ 장 선생님 〇〇〇 교육자입니다.

张老师是教育者。

▶ 교육자 教育者

⑤ 아직 대학생 〇〇〇 아닙니다.

现在还不是大学生。

⑥ 일본인 〇〇〇 많지 않습니다.

日本人不太多。

정답 卷子은요~~

① 는 ② 는 ③ 는 ④ 은 ⑤ 은 ⑥ 은

02

~도 助词

助词 "~도" 相当于汉语 "~也" 的意思。

助词 ~도

例 중국 中国

한국 韩国

일본 日本 ✚ 도

미국 美国

학생 学生

의사 大夫

核心整理

○元音·辅音 + 도

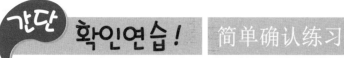 

아래 문제에 "도"를 넣고 뜻을 옆 사람과 말해 보세요.
请在下列句子中填入助词 "도"，并与身边人说一说句子的意思。

❶ 이것 [   ] 가져가세요.
这个也拿走吧。

❷ 학생들 [   ] 오기로 하였습니다.
学生们也来。

❸ 중국 [   ] 참여합니다.   ▶ 참여하다 参加
中国也参加。

❹ 당신에게 [   ] 같은 일이 벌어질 겁니다.
你也会有同样事发生。

❺ 오늘 [   ] 야외행사가 계속 됩니다.   ▶ 야외행사 野会行事
今天也有野会行事。

정답 卷子은인~~

①~ ⑤ 도

03

~입니다. 阵述形语尾
~입니까? 尊敬的疑问形

"~입니다." 为表示尊敬的阵述形，相当于汉语 "是~"。

"~입니까?" 为表示尊敬的疑问形，相当于汉语 "是~吗?"。

阵述形语尾 ~입니다.

例 나는 학생입니다.　　　我是学生。

아버지는 선생님입니다.　爸爸是老师。

尊敬的疑问形 ~입니까?

例 저분은 의사입니까?　　那位是大夫吗?

당신은 경찰입니까?　　你是警察吗?

核心整理

○ 阵述形　~입니다.

○ 疑问形　~입니까?

확인연습! 简单确认练习

아래 문장을 서술형은 의문형으로, 의문형은 서술형으로 만들어 보세요.
请把下列句子中的叙述文改为疑问句，疑问句则改为叙述文。

❶ 저 분은 영화배우입니다.
他是演员。

?

他是演员吗?

▶ 영화배우 演员

❷ 그는 중국인입니까?
他是中国人吗?

.

他是中国人。

❸ 이 분은 가수입니다.
这位是歌手。

?

这位是歌手吗?

❹ 그 분은 체육 선생님입니까?
那位是体育老师吗?

.

那位是体育老师。

❺ 종수는 축구선수입니다.
钟洙是足球选手。

?

钟洙是足球选手吗?

▶ 축구선수 足球选手

정답 卷子은요~~

① 저 분은 영화배우입니까?   ② 그는 중국인입니다.   ③ 이 분은 가수입니까?
④ 그 분은 체육 선생님입니다.   ⑤ 종수는 축구선수입니까?

04

~가 아닙니다. / ~이 아닙니다.

判断句的否定形

"~가/~이 아닙니다." 相当于汉语 "OO 不是~"。

疑问形为? "~가/~이 아닙니까?" 就是 "OO 不是~吗?"。

"~가 아닙니다. / ~가 아닙니까?" 以元音结束的单词后接。

例 의사가 　　　　　不是医生。　　　　＋ 아닙니다.
　　제 엄마가 　　　不是我的妈妈。

　　언니가 　　　　不是姐姐吗?　　　　＋ 아닙니까?
　　형은 의사가 　　哥哥不是医生吗?

"~이 아닙니다. / ~이 아닙니까?" 以辅音结束的单词后接。

例 학생이 　　　　　不是学生。　　　　＋ 아닙니다.
　　선생님이 　　　不是老师。

　　시인이 　　　　不是诗人吗?　　　　＋ 아닙니까?
　　아버지는 선생님이 　爸爸不是老师吗?

核心整理

o 陈述形 　~가 아닙니다. / ~이 아닙니다. 　　OO 不是 ~。

o 疑问形 　~가 아닙니까?/ ~이 아닙니까? 　　OO 不是 ~吗?

간단 확인연습! 简单确认练习

아래 문제의 ⬜ 에 "가"와 "이"를 구분하여 넣어보세요.
请在下列句中的空格内，正确填写助词 "가" 或 "이"。

❶ 그곳은 병원 ⬜ 아닙니다.
那地方不是医院。

❷ 그것은 신문 ⬜ 아닙니다.
那个不是新闻。

❸ 유니폼 ⬜ 아닙니다.　　　　　　　　　　　▶ 유니폼, 운동복 运动服
不是运动服。

❹ 컴퓨터 ⬜ 아닙니다.
不是电脑。

❺ 전화기 ⬜ 아닙니다.
不是电话。

❻ 택시 ⬜ 아닙니다.　　　　　　　　　　　　▶ 택시 出租车
不是出租车。

정답 卷子은요~~

① 이　② 이　③ 이　④ 가　⑤ 가　⑥ 가

핵심정리문법
核心整理语法

05

体词和谓词 体言和用言

韩国语的词性主要可分为体词(体言)和谓词(用言)历大类。

谓词(用言)可以活用, 体词(体言)则没有活用形。

体词和谓词

体词 (体言)	
名词 명사	학교 学校, 한국 韩国, 중국 中国, 역사 历史, 회사 公司, 과자 点心 ...,
代名词 대명사	나 我, 너 你, 우리 我们, 너희 你们, 이것 这, 저것 那
数词 수사	일 1, 이 2, 삼 3..., 하나 1个, 둘 2个, 셋 3个

谓词 (用言)	
动词 동사	가다 去, 오다 来, 먹다 吃, 보다 看, 사다 买, 마시다 喝...,
形容词 형용사	작다 小, 크다 大, 비싸다 贵, 예쁘다 美丽, 길다 长...,

存在表现的谓词

例 있다 有, 在 / 없다 沒有, 不在

指定表现的谓词

例 ~이다 ○○是~ / ~이 아니다 ○○不是~ / ~가 아니다 ○○不是~

간단 확인연습! 简单确认练习

아래 문제에서 체언과 용언을 구분해 보세요.
请在下列句子中，区分一下体词和谓词。

① 핸드폰을 사러 시내에 갑니다.

为了买手机去市场。

体词 체언	谓词 용언

② 학교에는 유학생이 많습니다.

学校有很多留学生。

体词 체언	谓词 용언

③ 식당에서 삼계탕을 먹었습니다.

在饭店吃了蔘鸡汤。

体词 체언	谓词 용언

정답 卷子은은~~

① 체언 핸드폰, 시내 용언 사다 – 사러, 가다 – 갑니다.
② 체언 학교, 유학생 용언 많다 – 많습니다.
③ 체언 식당. 삼계탕 용언 먹다 – 먹었습니다.

핵심정리문법
核心整理语法

06 谓词的原形

词典里出现的谓词的形态叫基本形，
"~다" 前之部分为词干。

谓词的原形

动词 동사	
元音词干	가다 去, 크다 大, 오다 来, 보다 看...
辅音词干	먹다 吃, 덥다 热...
ㄹ 词干	알다 知道, 길다 长...

核心整理

○ 谓词的原形 = 词干 + 다

다음 용언의 기본형을 쓰세요.

请写出下面谓词的基本型。

① 들었습니다.

听了

⑥ 마십니다.

在喝

② 놀았어요.

玩了

⑦ 먹습니다.

在吃

③ 길어요.

很长

⑧ 배웁니다.

在学

④ 어렵습니다.

很难

⑨ 재미있습니다.

好玩(乐趣)

⑤ 갑니다.

在走

⑩ 봅니다.

在看

▶ 어렵다 难
▶ 마시다 喝

정답 卷子은요~~

① 듣다 ② 놀다 ③ 길다 ④ 어렵다 ⑤ 가다 ⑥ 마시다 ⑦ 먹다 ⑧ 배우다 ⑨ 재미있다 ⑩ 보다

~가 / ~이 主格助词

"~가/~이" 接在体词后, 表示主语。

以元音结束的单词后接 "~가"。

例 TV 电视

시계 手表 ➕ 가

의자 椅子

以辅音结束的单词后接 "~이"。

例 돈 钱

책 书 ➕ 이

사전 字典

核心整理

○ 以元音结束的单词后接 "~가"。

○ 以辅音结束的单词后接 "~이"。

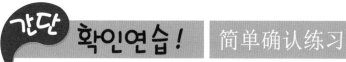

적당한 조사를 넣어보세요.
请填写适当的助词。

① 핸드폰 디자인 ⬜ 너무 좋습니다.   ▶ 핸드폰 手机
手机花样很好。

② 책상 ⬜ 새 것으로 바뀌었어요.
椅子换新的了。

③ 에어컨 ⬜ 작동되지 않아요.   ▶ 에어컨 空调
空调坏了。

④ 요즘은 TV ⬜ 3D로 많이 나와요.
最近的电视一般都是3D。

⑤ 시계 ⬜ 갑자기 멈추었어요.   ▶ 갑자기 突然
表突然停了。   ▶ 멈추다 停

콩콩!!

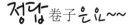 정답 卷子은요~~

① 이 ② 이 ③ 이 ④ 가 ⑤ 가

核心整理文法
核心整理语法

08

~의 助词

相当于汉语"~的"。

助词 ~의

例　누구　谁　　　　　　　　누구의　谁的

청환씨　清焕先生　　　　　　청환씨의　清焕先生的

학생　学生　　　**+**　의　**=**　학생의　学生的

선생님　老师　　　　　　　선생님의　老师的
　　　　　　　　　　　　的

누구의 명함　谁的名片

나의 책　我的书

너의 우산　你的雨伞

注意 주의

~씨 : 用在人各后表尊敬。

~는 : 助词，表示主语。

核心整理

○元音 · 辅音 ＋ 의

확인연습! 简单确认练习

안에 조사를 넣고 뜻을 말해보세요.
请在空格内填写适当的助词后，说一说意思。

❶ 나 ⬚ 사전
我的词典

❷ 너 ⬚ 노트북
你的笔记本

▶ 노트북 笔记本

❸ 아버지 ⬚ 넥타이
爸爸的领带

❹ 어머니 ⬚ 지갑
妈妈的钱包

❺ 구청장님 ⬚ 자동차
区长的车

▶ 구청장 区长

❻ 목사님 ⬚ 기도
牧师的祈祷

▶ 목사, 목사님 牧师

정답 卷子은은~~

① ～ ⑥ 의

이것, 저것, 그것, 어느 것
指示代名词

由指示代词"이","저","그"+ 不完全名词"것",

疑问代词"어느"+ 不完全名词"것"的 构成。

이것, 저것, 그것, 어느 것

例 이　这

저　那 远指

그　那 中指　＋　것　＝

어느 哪　　不完全名词

이것　这个

저것　那个 远指

그것　那个 中指

어느 것　哪个

이것도 저것도 아님

확인연습! 简单确认练习

해당하는 것끼리 연결하세요.
找出相应的代名词，并连线。

❶ 가까이 있는 것을 가리키는 말　　　　●
　　指出附近的

❷ 서로 알고 있는 것을 가리키는 말　　　●
　　指出互相知道的

❸ 멀리 있는 것을 가리키는 말　　　　　●
　　指出远远的

❹ 여럿 중에서 하나를 선택해야 되는 것 ●
　　指出多个选择之一的

●ㄱ 그것
　　那个

●ㄴ 이것
　　这个

●ㄷ 저것
　　那个

●ㄹ 어느 것
　　哪个

정답 卷子은요~~

①-ㄴ　②-ㄱ　③-ㄷ　④-ㄹ

10 缩约形

韩国语会话中多用缩约形,

会使口语显得十分流利和自然。

缩约形

原形 원형	缩约形(口语) 축약형	意思 뜻
이것	이거, 이게	这个
저것	저거, 저게	那个
그것	그거, 그게	那个
어느 것	어느 거, 어느 게	哪一个
이것이	이게	这个
저것이	저게	那个
그것이	그게	那个
어느 것이	어느 게	哪一个
이것은	이건	这个
저것은	저건	那个
그것은	그건	那个

확인연습! 简单确认练习

원형과 축약형이 같은 것끼리 연결하세요.
找出相对应的基本型和缩约型，并连线。

❶ 이것
这个

● ㄱ 이거, 이게
这个

❷ 저것
那个

● ㄴ 그거, 그게
那个

❸ 그것
那个

● ㄷ 저거, 저게
那个

❹ 어느 것
哪个

● ㄹ 어느 거, 어느 게
哪个

정답 卷子은요~~

① - ㄱ   ② - ㄷ   ③ - ㄴ   ④ - ㄹ

11 阳性元音与阴性元音

要想掌握谓词的活用, 必须了解阳性元音和阴性元音的概念。

"ㅣ" 之右 和 "⊥" 之上有一还二横点就是阳性。

"ㅣ" 之右 和 "⊥" 之上有一还二横点就是阳性。

例 ㅏ(아), ㅑ(야), ㅗ(오), ㅛ(요)

"ㅣ" 之左 和 "⊥" 之下有一还二横点就是阴性, 也有中声元音 "ㅣ"。

例 ㅓ(어), ㅕ(여), ㅜ(우), ㅠ(유), ㅡ(으), ㅣ(이)

词干的最后一个音节含阳性元音时, 叫阳性词干。

阳性词干	하다 做, 오다 来, 많다 多...,

注意 주의

阳性词干 = 词干末音节为 'ㅏ', 'ㅗ' 时

词干的最后一个音节含阴性元音时, 叫阴性词干。

阴性词干	먹다 吃, 있다 有, 在, 길다 长

注意 주의

阴性词干 = 词干末音节为 'ㅏ', 'ㅗ' 以外的元音时

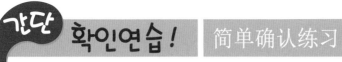 

간단 확인연습! 简单确认练习

아래 문장에서 동사를 찾고 양성어간과 음성어간을 구분하세요.
请在下列句子中找出动词，并区分一下阳性词干和阴性词干。

보기 음식을 하다 做料理　　　　　　　　하다 – 하 **양성**

① 집에 오다
回家

② 넥타이가 길다
領带很长

③ 비빔밥을 먹다
吃拌饭
▶ 비빔밥 拌饭

④ 잔돈이 많다
零钱很多
▶ 잔돈 零钱

정답 卷子은은~~

① 오다 – 오 **양성** ② 길다 – 길 **음성** ③ 먹다 –먹 **음성** ④ 많다 –많 **양성**

~ㄹ까요? / ~을까요?

当说话者向对方征求意见时用的终结词尾。

以元音结尾的词干后用 "~ㄹ까요?"

以韵尾 "ㄹ" 结束的词干之 "ㄹ" 脱落, 后接 "~ㄹ까요?"

以辅音结束的词干后用 "~을까요?"

~ㄹ까요? / ~을까요?

구분	동사	~ㄹ까요? / ~을까요?
元音词干	쓰다 写	쓸까요?
	만나다 见面	만날까요?
ㄹ 词干	걸다 挂	걸까요? ㄹ 脱落
	놀다 玩	놀까요? ㄹ 脱落
辅音词干	찾다 找, 查	찾을까요?
	찍다 摄影	찍을까요?
ㅂ 音变	돕다 帮助	돕 + 을까요? – 도우 + 을까요? – 도울까요?
	굽다 烤	굽 + 을까요? – 구우 + 을까요? – 구울까요?
ㄷ 音变	듣다 听	들을까요?
	묻다 问	물을까요?

아래 문장에서 동사를 보기와 같이 변형시켜 보세요.
请参考例句，将句子中的动词做一下变形。

보기 가다 去，走 　　　　　　　　갈까요?

---

❶ 밥을 먹다
吃饭

吃饭吗?

❷ 옷을 입다
穿衣服

穿衣服吗?

❸ 함께 달리다
一起跑

一起跑吗?

▷ 함께, 같이 一起

❹ 같이 노래를 부르다
一起唱歌

一起唱歌吗?

❺ 요리하다
做料理

做料理吗?

❻ 내용을 쓰다
写内容

写内容吗?

▷ 내용 内容

정답 卷子은은~~

① 밥을 먹을까요?　② 옷을 입을까요?　③ 함께 달릴까요?　④ 같이 노래를 부를까요?
⑤ 요리할까요?　　⑥ 내용을 쓸까요?

ㅂ音变规则

动词, 形容词含韵尾 "ㅂ" 的词干后接元音 "아, 어" 时, "ㅂ" 音变为 "오" 或 "우", 这叫 "ㅂ" 音变规则。

除了"돕다(帮助), 곱다(漂亮)"的 "ㅂ" 变成 "오" 后接连音是阳性元音 "아" 外, 其余的全都变成 "우" 后接连音是阴性元音 "어"。

"돕다(帮助), 곱다(漂亮)"的 "ㅂ" 变成 "오" 后接连音是阳性元音 "아"。

돕다 帮助 – 도오 + 아요 – 도와요

곱다 漂亮 – 고오 + 아요 – 고와요

其他的全都变成 "우" 后接连音是阴性元音 "어"。

춥다 冷 – 추우 + 어요 – 추워요

맵다 辣 – 매우 + 어요 – 매워요

아름답다 美丽 – 아름다우 + 어요 – 아름다워요

注意 주의

必须注意的是, 形容词"좁다(窄的)"的 "ㅂ" 不产生变化。

必须注意 좁다 窄的 ➡ 좁아요

다음의 동사들을 규칙에 따라 보기와 같이 변형시켜 보세요.
请参考例句，按照变形规则将句子中的动词做一下变形。

보기	춥다 冷	추워요

❶ 옷을 깁다
缝衣服

▷ 깁다 缝

❷ 휴지를 줍다
捡卫生纸

▷ 줍다 捡

❸ 고기를 굽다
烤肉

❹ 날이 덥다
天气很热

❺ 친구를 돕다
帮朋友

❻ 방이 좁다
房子小

정답 卷子은요~~

① 옷을 기워요　　② 휴지를 주워요　　③ 고기를 구워요　　④ 날이 더워요
⑤ 친구를 도와요　　⑥ 방이 좁아요

핵심정리문법
核心整理语法

14

여기, 저기, 거기, 어디
指示场所的代名词

为指示场所的代名词, 根据话者与听者的距离而有所区别。
即 离话者, 听者都近用 "여기" 离听者近, 话者远用 "거기"
离听者, 话者都远用 "저기" 疑问形的形态 "어디"。

指示场所的代名词

여기	저기	거기	어디
这里	那里	那里	哪里

例 여기는 한국입니다.　　　　　　这里是韩国。

A : 저기가 식당입니까?　　　　　那是食堂吗?

B : 예, 거기가 식당입니다.　　　　是的, 那是食堂。

선생님의 고향은 어디입니까?　　老师的老家是哪儿?

확인연습! | 简单确认练习

해당되는 것끼리 연결하세요.
请找出相对应的单词，并连线。

① 여기 •   • ㉠ 那里

② 저기 •   • ㉡ 这里

③ 거기 •   • ㉢ 那里

④ 어디 •   • ㉣ 哪里

정답

① - ㉡   ② - ㉠㉢   ③ - ㉠㉢   ④ - ㉣

핵심정리문법
核心整理语法

15 疑问词

누가, 언제, 어디서, 무엇을, 어떻게, 왜

누가, 언제, 어디서, 무엇을, 어떻게, 왜 육하원칙 六何原则

1 누가 谁

누 + 가
主格助词

例 당신은 누구와 같이 갔어요? 你和谁一起去的?

2 언제 什么时候 问时间时用

例 엄마는 언제 집에 돌아와요? 妈妈什么时候回家?

3 어디서 在哪里

어디 + 에서
位格助词

例 내 핸드폰이 어디에 있지? 我的手机在哪里?

누가	언제	어디서
谁	什么时候	在哪里

무엇을	어떻게	왜
什么	如何	为什么

 新闻报道的六个基本要素，即何人、何时、何地、何事、如何、为何。

4 / 무엇을 什么

무엇 + 을
宾格助词

例 오늘 저녁은 무엇을 먹을까요?　今天晚上吃什么？

5 / 어떻게 如何　问方法时用

例 이 문제는 어떻게 해결합니까?　这个问题如何解决呢？

6 / 왜 为什么　问理由时用

例 어제 당신은 왜 오지 않았어요?　昨天你为什么没来？

확인연습! 简单确认练习

다음의 문장에서 육하원칙을 찾아서 안에 적어보세요.

请在下列句子中找出六何原则，并填空。

예시문장

농협중앙회 충남지역본부는 26일 충남 홍성군 홍성읍 소향리에 위치한
① ②

홍주문화센터에서 충남새농민회원 1,000여명이 참여한 가운데
③

충남새농민회 발전과 농업 · 농촌 발전을 위해 화합의 시간을 가졌다.
④ ⑤

▷▶ ~을 위해 为了

▷▶ 화합, 화목 和睦

중국어 해석

农协中央会 忠南地区本部 在26日 位于洪城郡 洪城邑 昭香里的
弘州文化中心里 由忠南新农民会员一千多名参加的中间为了和
睦发展与农业农村发展。

정답 卷子은인~~

① 누가 ② 언제 ③ 어디서 ④ 왜 ⑤ 무엇을

Track
17

16 수사 数词

韩国语有两套数词 - 汉字数词和固有数词。

这来学习汉字数词

숫자	한국어	숫자	한국어
0	영, 공	14	십 + 사(십사)
1	일	15	십 + 오(십오)
2	이	16	십 + 육(십육)
3	삼	17	십 + 칠(십칠)
4	사	18	십 + 팔(십팔)
5	오	19	십 + 구(십구)
6	육, 륙	20	이 + 십(이십)
7	칠	30	삼 + 십(삼십)
8	팔	40	사 + 십(사십)
9	구	50	오 + 십(오십)
10	십	60	육 + 십(육십)
11	십 + 일(십일)	70	칠 + 십(칠십)
12	십 + 이(십이)	80	팔 + 십(팔십)
13	십 + 삼(십삼)	90	구 + 십(구십)

숫자	한국어	숫자	한국어
91	구십일	1,000	천 一千
92	구십이	10,000	만 一万
93	구십삼	100,000	십만 十万
98	구십팔	1,000,000	백만 一百万
99	구십구	10,000,000	천만 一千万
100	백 一百	100,000,000	억 一亿

注意 주의

一千、一万前的'일'通常省略。

日的念方法

날짜	한국어	날짜	한국어
1 日	일일	11 日	십일일
2 日	이일	12 日	십이일
3 日	삼일	13 日	십삼일
4 日	사일	14 日	십사일
5 日	오일	15 日	십오일
6 日	육일	16 日	십육일
7 日	칠일	17 日	십칠일
8 日	팔일	18 日	십팔일
9 日	구일	19 日	십구일
10 日	십일	20 日	이십일

날짜		한국어	날짜		한국어
21	日	이십일일	27	日	이십칠일
22	日	이십이일	28	日	이십팔일
23	日	이십삼일	29	日	이십구일
24	日	이십사일	30	日	삼십일
25	日	이십오일	31	日	삼십일일
26	日	이십육일			

 日"일", 月"월"通常和汉字数词连用。

月的念方法

월		한국어	월		한국어
1	月	일월	7	月	칠월
2	月	이월	8	月	팔월
3	月	삼월	9	月	구월
4	月	사월	10	月	*시월
5	月	오월	11	月	십일월
6	月	*유월	12	月	십이월

 注意 주의

*6月和10月的拼写及发音。

年的念方法

년	한국어(简单方法)	한국어(日常用法)
1998	일 구 구 팔	*(일)천구백구십팔 년
2001	이 영 영 일	이천일 년
2015	이 영 일 오	이천십오 년

注意 주의

*'일' 不念(省略)。在韩国一千、一万前来的 '일' 通常省略。

例 A : 언제 태어났어요?(몇 년 생이세요?)   什么时候出生的人?(多少年出生的?)

B : 1997년생입니다.   在1997年出生的。

언제 태어났어요?

1997년생입니다.

확인연습!  简单确认练习

다음의 숫자를 한글로 읽고 써보세요.
请用韩文读一读下面的数字。

1 0, 1, 2, 3, 4, 5, 6, 7, 8, 9, 10

2 11, 12, 13, 14, 15, 16, 17, 18, 19, 20

3 30, 40, 50, 60, 70, 80, 90, 100

4 100 / 1,000 / 10,000 / 100,000 / 1,000,000

5 1日, 2日, 3日, 4日, 5日, 10日, 11日, 20日, 25日, 30日, 31日

6 1月, 2月, 3月, 4月, 6月, 10月, 11月, 12月

정답 卷子은인~~

본문 참조, 녹음 참고

핵심정리문법
核心整理语法

17

~ㅂ니다. ~습니다. / ~ㅂ니까? ~습니까?

"~ㅂ니다. ~습니다" 为尊敬的阵述形终结词尾,

"~ㅂ니까? ~습니까?" 为尊敬的疑问形终结词尾,

接在谓词词干后, 表示客气、尊敬的语气。

尊敬的阵述形终结词尾 ~ㅂ니다. ~습니다.
尊敬的疑问形终结词尾 ~ㅂ니까? ~습니까?

구분	기본형		~ㅂ니다. ~습니다.	~ㅂ니까? ~습니까?
元音词干	가다	去	갑니다.	갑니까?
	마시다	喝	마십니다.	마십니까?
	배우다	学习	배웁니다.	배웁니까?
辅音词干	먹다	吃	먹습니다.	먹습니까?
	듣다	听	듣습니다.	듣습니까?
	덥다	热	덥습니다.	덥습니까?
ㄹ 词干	알다	知道	압니다. ㄹ 脱落	압니까? ㄹ 脱落
	놀다	玩	놉니다. "	놉니까? "
	길다	长	깁니다. "	깁니까? "

核心整理

○ 元音词干 + ㅂ니다. ㅂ니까?   ○ ㄹ 词干 + ㅂ니다. ㅂ니까?
                                           ("ㄹ"脱落)
○ 辅音词干 + 습니다. 습니까?

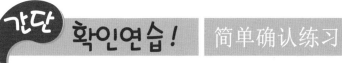 

간단 확인연습! 简单确认练习

다음의 동사를 보기와 같이 만들어 보세요.
请参考例句，将动词做一下变形。

보기	마시다 喝	마십니다.	마십니까?

❶ 물건을 사다
买东西

❷ 자동차를 수리하다
修理汽车

▶ 수리하다 修理

❸ 농촌에 가서 봉사하다
上农村去服务

▶ 봉사하다 服务

❹ 선생님 질문에 대답하다
回答老师的问题

❺ 소설을 읽다
读小说

❻ 민속촌을 견학하다
到民俗村参观

정답 卷子은요~~

① 삽니다. 삽니까? ② 수리합니다. 수리합니까? ③ 봉사합니다. 봉사합니까?
④ 대답합니다. 대답합니까? ⑤ 읽습니다. 읽습니까? ⑥ 견학합니다. 견학합니까?

18

~에 助词

表示一般上"去的方向", "时间", "场所", 位置的位格助词。
这种用法以外, 还有很多其他的用法。

表示一般上"去的方向", "时间", "场所", 位置的位格助词。

方向

例 어디에 갑니까?　　去哪儿?

한국에 갑니다.　　去韩国。

时间

例 몇 시에 일어납니까?　　几点起来?

6시에 일어납니다.　　6点起来。

场所

例 한국에 친구가 있습니까?　　在韩国有朋友吗?

집에 있습니다.　　在家。

核心整理

○ 元音·辅音 ＋ 에

장소, 방향, 시간을 구분하세요.
请区分一下场所、方向、时间。

❶ 어디에 사십니까?
住在哪儿?

❷ 몇 시에 문을 여나요?
几点开门?

❸ 런던에 무엇을 하러 가십니까?
去伦敦干什么?

▶ 런던(지명) 伦敦

❹ 학교에 유학생이 많이 보입니다.
学校看起来有很多外国学生。

▶ 유학생 留学生

❺ 새벽 5시에 출발합니다.
凌晨五点出发。

▶ 새벽 凌晨

정답 卷子은은~~

① 장소 ② 시간 ③ 장소 ④ 장소 ⑤ 시간

19 ~를 / ~을 目的格助词

接在体词后，表示目的语(宾语)的格助词。

接在体词后，表示目的语(宾语)的格助词。 ~를 / ~을

例 커피를 마십니다.   喝咖啡。

초콜릿을 먹습니다.   吃巧克力。

TV를 봅니다.   看电视。

무엇을 마십니까?   喝什么？

核心整理

○元音 ＋ 를

○辅音 ＋ 을

간단 확인연습! 简单确认练习

조사 "을", "를" 중에서 [ ] 에 적당한 조사를 넣어보세요.

请在下列句子的空格内，正确填写助词 "을" 或 "를"。

① 차 [ ] 마십니다.

喝茶。

② 라면 [ ] 좋아하는 것 같군요.

喜欢吃方便面。

▶ 라면 方便面

③ 컴퓨터 [ ] 새로 샀습니다.

买了新的电脑。

④ 더워서 잠 [ ] 잘 수가 없을 것 같아요.

太热了睡不了觉。

⑤ 배드민턴 [ ] 치러 갈까요?

去打羽毛球吗?

▶ 배드민턴 羽毛球

정답 卷子答案~~

① 를   ② 을   ③ 를   ④ 을   ⑤ 을

~와, ~과, ~하고

"~와, ~과" 连接两个体词, 表示人或动物的并列。

"~와" 以元音结束的体词后,

"~과" 以辅音结束的体词后。

"~하고" 与 "~와, ~과" 意义相同, 主要用于口语中。

~와, ~과

例	차와 물	茶和水
	책과 노트	书和本子
	커피와 우유	咖啡和牛奶
	뉴스와 음악	新闻和音乐

~하고

例	친구하고 동생	朋友和弟弟
	엄마하고 아버지	妈妈和爸爸

핵심정리

○元音 + 와, 元音 + ~하고

○辅音 + 과, 辅音 + ~하고

안에 연결어(과, 와, 하고)를 선택하여 들어갈 수 있는 것을 모두 넣어보세요.

请将连词"과, 와, 하고"填入所有适当的空格内。

❶ 커피 햄버거를 주문했습니다.

买了咖啡和汉堡包。

❷ 교과서 필기구를 꼭 준비하세요.

▶ 필기구 书写工具

准备教科书和书写工具。

❸ 바둑 장기 중에서 어느 것을 할 줄 아세요?

▶ 바둑 围棋
▶ 장기 象棋

围棋和象棋中会哪一个?

❹ 신문 잡지를 팔고 있습니다.

卖新报和杂志。

❺ 김치 불고기는 한국음식 중에서 제일 좋아하는 것입니다.

韩国料理中最喜欢的是泡菜和烤肉。

❻ 김밥 라면은 분식집에서 간단하게 먹을 수 있는 점이 좋아요.

紫菜包饭和方便面是在面食店里可以简单吃优点。

정답 卷子은은~~

① 와, 하고 ② 와, 하고 ③ 과, 하고 ④ 과, 하고 ⑤ 와, 하고 ⑥ 과, 하고

핵심정리문법
核心整理语法

21 숫자 固有数词

表示时间, 数物品数量时, 常用固有数词。

表示时间, 数物品数量时, 常用固有数词。

수	한국어	수	한국어	수	한국어
1	하나	15	열다섯	29	스물아홉
2	둘	16	열여섯	30	서른
3	셋	17	열일곱	31	서른하나
4	넷	18	열여덟	32	서른둘
5	다섯	19	열아홉	33	서른셋
6	여섯	20	스물	34	서른넷
7	일곱	21	스물하나	35	서른다섯
8	여덟	22	스물둘	36	서른여섯
9	아홉	23	스물셋	37	서른일곱
10	열	24	스물넷	38	서른여덟
11	열하나	25	스물다섯	39	서른아홉
12	열둘	26	스물여섯	40	마흔
13	열셋	27	스물일곱	41	마흔하나
14	열넷	28	스물여덟	42	마흔둘

수	한국어	수	한국어	수	한국어
43	마흔셋	63	예순셋	83	여든셋
44	마흔넷	64	예순넷	84	여든넷
45	마흔다섯	65	예순다섯	85	여든다섯
46	마흔여섯	66	예순여섯	86	여든여섯
47	마흔일곱	67	예순일곱	87	여든일곱
48	마흔여덟	68	예순여덟	88	여든여덟
49	마흔아홉	69	예순아홉	89	여든아홉
50	쉰	70	일흔	90	아흔
51	쉰하나	71	일흔하나	91	아흔하나
52	쉰둘	72	일흔둘	92	아흔둘
53	쉰셋	73	일흔셋	93	아흔셋
54	쉰넷	74	일흔넷	94	아흔넷
55	쉰다섯	75	일흔다섯	95	아흔다섯
56	쉰여섯	76	일흔여섯	96	아흔여섯
57	쉰일곱	77	일흔일곱	97	아흔일곱
58	쉰여덟	78	일흔여덟	98	아흔여덟
59	쉰아홉	79	일흔아홉	99	아흔아홉
60	예순	80	여든	100	백
61	예순하나	81	여든하나	101	백일
62	예순둘	82	여든둘	102	백이

 100以上 只用汉字数词。

- 区分

1	2	3	4	5	6	7	8	9	10
하나	둘	셋	넷	다섯	여섯	일곱	여덟	아홉	열

- ~名(~명)

1명	2명	3명	4명	5명	6명	7명	8명	9명	10명
한 명	두 명	세 명	네 명	다섯 명	여섯 명	일곱 명	여덟 명	아홉 명	열 명

- ~个(~개)

1개	2개	3개	4개	5개	6개	7개	8개	9개	10개
한 개	두 개	세 개	네 개	다섯 개	여섯 개	일곱 개	여덟 개	아홉 개	열 개

- ~点(~시)

1시	2시	3시	4시	5시	6시	7시	8시	9시	10시
한 시	두 시	세 시	네 시	다섯 시	여섯 시	일곱 시	여덟 시	아홉 시	열 시

- 20(스물)

숫자	区分	~名(~명)	~个(~개)	~点(~시)
20	스물	스무 명	스무 개	스무 시
21	스물하나	스물한 명	스물한 개	스물한 시
22	스물둘	스물두 명	스물두 개	스물두 시
23	스물셋	스물세 명	스물세 개	스물세 시
24	스물넷	스물네 명	스물네 개	스물네 시
⋮	⋮	⋮	⋮	⋮

以下用法同一。

확인연습! 简单确认练习

다음의 숫자를 한글로 읽고 써보세요.
请用韩文读一读下面的数字。

1

1	2	3	4	5	6	7	8	9	10
一	二	三	四	五	六	七	八	九	十

2

20	30	40	50	60	70	80	90	99	100
二十	三十	四十	五十	六十	七十	八十	九十	九十九	一百

사람을 셀 때, 단위로 말하고 써보세요.
说出数人数时候的单位，并写一写。

1

1명	2명	3명	4명	5명	6명	7명	8명	9명	10명
一名	二名	三名	四名	五名	六名	七名	八名	九名	十名

2

20명	21명	22명	23명	24명
二十名	二十一名	二十二名	二十三名	二十四名

정답 卷子은요~~

본문 참조. 녹음 참고

핵심정리문법
核心整理语法

22

~시 반 / ~분 전
时间的表示方法

韩国语中, 表示小时用固有数词, 表示分、秒用汉字数词也有 "~시 반"(几时半), "~분 전"(几点差几分)以及24小时制的表达方法。

时间的表示方法

例 지금 몇 시입니까? | 现在几点?

한 시입니다. | 1点。

한 시 반입니다. | 一点半。

두 시 사십오 분입니다. | 2点 45分。

세 시 이십칠 분입니다. | 3点 27分。

네 시 십 분 전입니다. | 4点差10分。

오전 다섯 시 삼십 분입니다. | 凌晨5时30分。

오후 여섯 시 십오 분 전입니다. | 下午5点45分，差15分6点。

스물 한 시 사십오 분입니다. | 21时45分。

확인연습! 简单确认练习

다음의 시간을 시계를 보면서 말해보고 한글로 써보세요.
请看下面的钟表图说出时间，并用韩文写一写。

❶

11点20分

❷

差10分10点

❸

2点半

❹

整6点

❺

差15分4点 / 差1刻4点

❻

差2刻5点

정답 卷子은요~~

① 열한 시 이십 분   ② 열 시 십 분 전   ③ 두 시 반   ④ 정각 여섯 시   ⑤ 네 시 십오 분 전
⑥ 다섯 시 삼십 분 전

핵심정리문법
核心整理语法

23

Track 24

~에서 ~까지 / ~부터 ~까지

表示时间和场所的助词。

"A에서 B까지"(场所), "A부터 B까지"(时间)就是 "从 A 到 B"。

从 A 到 B - 时间　　　　　　A부터 B까지

 아침부터 저녁까지　　　从早到晚

몇 시부터 몇 시까지　　　从几点到几点

화요일부터 토요일까지　　　从星期二到星期六

从 A 到 B - 场所　　　　　　A에서 B까지

 여기에서 거기까지　　　从这里到那里

집에서 학교까지　　　从家到学校

교회에서 우체국까지　　　从教会到邮政局

□ 을 채우고 시간과 장소를 구분하여 말해보세요.

请完成下面的填空，并区分时间和场所说一说。

❶ 월요일 [　] 금요일 [　] 수업이 있어요. [　]

从星期一到星期五有课。

❷ 한국 [　] 미국 [　] 는 얼마나 걸리나요? [　]

从韩国到美国需要多长时间?

▶ 얼마나 오래 多长

❸ 아침 9시 [　] 저녁 8시 [　] 영업을 합니다. [　]

从早九点到晚八点营业。

▶ 영업, 영업하다 营业

❹ 집 [　] 공원 [　] 5분이면 갈 수 있어요. [　]

从家到公园五分钟就能去。

❺ 정문 [　] 도서관 [　] 뛰어 갔어요. [　]

从正门到图书馆跑去。

▶ 뛰어가다 跑去

정답 卷子은요~~

① 부터, 까지 시간　② 에서, 까지 장소　③ 부터, 까지 시간　④ 에서, 까지 장소　⑤ 에서, 까지 장소

24

안 ~
~지 않다, ~지 않습니다.,
~지 않습니까?

否定形(不~)

动词

基本形 기본형	前置否定形 안~	后置否定形 ~지 않다
자다 睡	자다 안 **+** 잡니다. 잡니까? 疑问形	지 않다 자 **+** 지 않습니다. 지 않습니까? 疑问形
듣다 听	듣다 안 **+** 듣습니다. 듣습니까? 疑问形	지 않다 듣 **+** 지 않습니다. 지 않습니까? 疑问形
먹다 吃	먹다 안 **+** 먹습니다. 먹습니까? 疑问形	지 않다 먹 **+** 지 않습니다. 지 않습니까? 疑问形

Track
25

谓词的否定形。

第一词干前接 "안"(前置不定形),

第二词干后接 "~지 않다. ~지 않습니다."(后置不定形)

和 "~지 않습니까?" 疑问形。

形容词

基本形 기본형	前置否定形 안~	后置否定形 ~지 않다
크다 大	크다 안 **+** 큽니다. 큽니까? 疑问形	지 않다 크 **+** 지 않습니다. 지 않습니까? 疑问形
어렵다 难	어렵다 안 **+** 어렵습니다. 어렵습니까? 疑问形	지 않다 어렵 **+** 지 않습니다. 지 않습니까? 疑问形
작다 小	작다 안 **+** 작습니다. 작습니까? 疑问形	지 않다 작 **+** 지 않습니다. 지 않습니까? 疑问形

"名词 + 하다" 形时，"안" 常常加在 "名词" 与 "하다" 之间。

基本形 기본형	前置否定形 안~		后置否定形 ~지 않다	
일하다 工作	일 **+**안**+**	하다 합니다. 합니까? 疑问形	일하 **+**	지 않다 지 않습니다. 지 않습니까? 疑问形
시작하다 开始做	시작**+**안**+**	하다 합니다. 합니까? 疑问形	시작하**+**	지 않다 지 않습니다. 지 않습니까? 疑问形
공부하다 学习	공부**+**안**+**	하다 합니다. 합니까? 疑问形	공부하**+**	지 않다 지 않습니다. 지 않습니까? 疑问形

간단 확인연습! 简单确认练习

보기와 같이 만들어 보세요.
请参考例句, 将下面的动词做一下变形。

보기 잡니다 睡　자다　　　　안자다　　　　자지 않습니다.

❶ 먹습니다.
吃

❷ 쉬워요.
容易

❸ 놀아요.
玩

❹ 봅니다.
看

❺ 옵니다.
来

정답 卷子은요~~

① 먹다 – 안먹다 – 먹지 않습니다.　② 쉽다 – 안쉽다 – 쉽지 않습니다.　③ 놀다 – 안놀다 – 놀지 않습니다.
④ 보다 – 안보다 – 보지 않습니다.　⑤ 오다 – 안오다 – 오지 않습니다.

25

못~

"못" 在动词的前面, 表示否定就是不能, 末能。

想做而有客观的原因不能做时用。

在动词的前面, 表示否定就 "못~"。

例 못 알아보다   沒认出来

못 견디다   了不得

못마땅하다   不满意

희뿌연 안개 때문에 우리는 앞의 마을을 보지 못했다.
烟雾朦胧，我们看不见前面的村庄。

웃음을 못 참겠다.
由不得发笑。

核心整理

○ 못 ＋ 动词 ＝ 不能

부정어 "못", "안" 중에서 적당한 말을 [   ] 에 넣어보세요.
请选出否定词 "못" 和 "안"，填入相应的句子中。

❶ 어두워서 아무것도 [   ] 하고 있어요.　　　　　▷ 아무것도 什么都
　因为太暗 什么都不能做。

❷ 추운 것을 [   ] 견디겠어요.
　太冷受不了。

❸ 저를 [   ] 알아보겠습니까?
　能认出我吗?

❹ 골프를 [   ] 하는게 아니라 [   ] 하는 것입니다.　　▷ 골프 高尔夫
　不是不打高尔夫球，而是不会打。

❺ 이중인격자를 보면 화가 나서 [   ] 참겠어요.　▷ 이중인격자 双重性格的人
　一看双重性格的人就来气。

정답 卷子은요~~

①못　②못　③못　④안,못　⑤못

핵심정리문법
核心整理语法

26

~ 있습니다. / ~없습니다.
存在词

表示动物, 事物有在与否的存在动词:

"~있다, ~있습니다.", "~없다, ~없습니다.", "계시다", 其中

"계시다" 为 "~있다" 的尊敬形态。

~있다, ~있습니다. / ~없다, ~없습니다.

基本形 기본형		尊敬形 존경형	
있다	有, 在	계시다	在
없다	沒有, 不在	안 계시다	不在

例 있습니다.   有, 在   있습니까?   有, 在吗?

없습니다.   沒有, 不在   없습니까?   沒有, 不在吗?

계십니다.   在   계십니까?   在吗?

안 계십니다. 不在   안 계십니까? 不在吗?

核心整理

○ "없다" 没有 尊敬形态, 需表达尊敬时, 可用 "계시다" 的否定形就是
"안 + 계시다." 还 "계시 + 지 않다"。

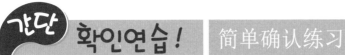 

확인연습! 简单确认练习

아래 문제에서 동사의 기본형을 각각 긍정문과 의문문으로 만드세요.
请将句子中的动词基本型，分别改为肯定句和疑问句。

	긍정문	의문문

❶ 상수는 별장을 가지고 있다.
祥洙有别墅。

　　　　　　　　　　　▷ 별장 别墅

❷ 방안에 침대가 없다.
房间没有床。

❸ 연구실에 교수님이 계신다.
教授在研究室里。

　　　　　　　　　　　▷ 연구실 研究室
　　　　　　　　　　　▷ 교수 教授

❹ 지금 집에 부모님이 안 계신다.
现在两亲不在家里。

정답 卷子은요~~

① 있습니다. 있습니까?　　② 없습니다. 없습니까?　　③ 계십니다. 계십니까?　　④ 안 계십니다. 안 계십니까?

27 나이 年龄的表达方法

~岁 ~세 / ~살

固有数间 + "살"　　汉字数间 + "세"

나이	~살	=	~세	나이	~살	=	~세
1	한 살		일 세	21	스물한 살		이십일 세
2	두 살		이 세	22	스물두 살		이십이 세
3	세 살		삼 세	⋮	⋮		⋮
4	네 살		사 세	30	서른 살		삼십 세
5	다섯 살		오 세	40	마흔 살		사십 세
6	여섯 살		육 세	50	쉰 살		오십 세
7	일곱 살		칠 세	60	예순 살		육십 세
8	여덟 살		팔 세	70	일흔 살		칠십 세
9	아홉 살		구 세	80	여든 살		팔십 세
10	열 살		십 세	90	아흔 살		구십 세
20	*스무살		이십 세	100	백 살		백 세

확인연습!

아래의 보기처럼 바꾸어보세요.
按照例子，更改一下下面单词的表达方式。

보기 다섯 살 五岁 오 세

❶ 일곱 살 ⬜ 아홉 살 ⬜
7岁 9岁

❷ 스무 살 ⬜ 서른 살 ⬜ 마흔 살 ⬜
20岁 30岁 40岁

❸ 스물한 살 ⬜ 스물두 살 ⬜ 스물세 살 ⬜
21岁 22岁 23岁

❹ 쉰 살 ⬜ 예순 살 ⬜ 일흔 살 ⬜
50岁 60岁 70岁

❺ 여든 살 ⬜ 아흔 살 ⬜ 백 살 ⬜
80岁 90岁 100岁

정답 卷子은인~~

① 칠 세, 구 세 ② 이십 세, 삼십 세, 사십 세 ③ 이십일 세, 이십이 세, 이십삼 세
④ 오십 세, 육십 세, 칠십 세 ⑤ 팔십 세, 구십 세, 백 세

28 무엇을 셀 때 单位名词

1 ~名, ~人 　　　　　　　　~명

친구 세 명	三名朋友
학생 열두 명	十二名学生
어린이 삼십 명	三十名小孩

2 ~人 　　　　　　　　~사람

대학생 네 사람	大学生四人
외국인 두 사람	外国人二人
기술자 열 사람	技術人员十人

注意 주의
只用固有数词。

3 ~位 　　　　　　　　~분

손님 삼십 분	三十位客人
노인 한 분	一位老人
발표자 여섯 분	六位发表者

数词要想表示物品的数量, 必须和单位名词结合使用。

但是固有数词, 汉字数词与单位名词的搭配是一个非常复杂的问题,

一定要注意。

4 ~人分 　　　　　　　　　　　　　　　~인분

비빔밥 삼 인분　　拌饭三人分

불고기 육 인분　　烤肉六人分

삼겹살 오 인분　　五花肉五人分

 注意 주의

只用汉字数词。

5 ~岁 　　　　　　　　　　　　　　　~살

열한 살　　　　　十一岁

스무 살　　　　　二十岁

예순 세 살　　　　六十三岁

6 ~册 　　　　　　　　　　　　　　　~권

교과서 네 권　　　教课书四册

사전 열 권　　　　词典十册

소설 여섯 권　　　小说六册

7 ~次, ~回   ~번

固有数间 ✚ 번 ~回, 遍数   汉字数间 ✚ 번 号码

결석 다섯 번   출석번호 오 번

8 ~个   ~개

우산 두 개	两个雨伞
열쇠 세 개	三个钥匙
귤 삼십 개	三十个桔子

9 ~支   ~자루

붓 한 자루	一支毛笔
연필 두 자루	二支铅笔
볼펜 열 두 자루	十二支圆珠笔

10 ~台   ~대

냉장고 다섯 대	五台冰箱
자전거 여덟 대	八台自行车
택시 구십 대	九十台出租车

11 ~张   ~장

엽서 스무 장	二十张明信片
사진 서른 장	三十张照片
종이 칠십 장	七十张纸

12 ~栋   ~채

집 오십 채   五十栋房子

건물 육십 채   六十栋建筑物

아파트 팔십 채   八十栋公寓

13 ~部(电影, 录像作品 等)   ~편

영화 구십 편   九十部电影

드라마 열네 편   十四部电视剧

14 ~朵   ~송이

꽃 한 송이   一朵花

무궁화 스무 송이   二十朵木槿花

포도 육십 송이   六十朵葡萄

15 ~只, ~头, ~匹   ~마리

고양이 세 마리   三只猫

소 네 마리   四头牛

말 다섯 마리   五匹马

16 ~瓶   ~병

막걸리 다섯 병   五瓶米酒

맥주 오십 병   五十瓶啤酒

생수 백 병   一百瓶生水

17 ~杯　　　　　　　　　　　　　　　~잔

홍차 두 잔	二杯红茶
소주 일곱 잔	七杯白酒
칵테일 여섯 잔	六杯鸡尾酒

18 ~盒　　　　　　　　　　　　　　　~갑

담배 두 갑	两盒烟
궐련 네 갑	四盒卷烟
성냥 육십 갑	六十盒火柴

19 ~件, ~套　　　　　　　　　　　　~벌

한복 세 벌	三件韩服
정장 스무 벌	二十套正装
양복 삼십 벌	三十套西装

20 ~元 (韩国的货币单位)　　　　　　~원

삼만 육천 구백 십 원	三万六千九百十元
오십 이만 사천 백 육 원	五十二万四千一百六元

注意 주의

1. 只用汉字数词。
2. 一千、一万前的"一"通常省略。

확인연습! 简单确认练习

에 알맞은 단위를 보기에서 찾아서 넣으세요.
请选出相应的单位，并填空。

> **보기** 명, 사람, 분, 살, 인분, 권, 번, 개, 자루, 대, 장, 채, 편, 송이, 마리,
> 병, 잔, 갑, 벌, 원

❶ 영화 한 ⬭ 을 보는 동안 커피를 두 ⬭ 마셨다.
看一部电影的时候喝了二杯咖啡。

❷ 식당에서 세 ⬭ 이 삼겹살 12 ⬭ 을 먹고 난 뒤, 포도 두 ⬭ 와
오렌지 다섯 ⬭ 를 더 먹었다.
在饭店三个人吃了12人分五花肉和2朵葡萄，5个橙子。

❸ 볼펜 두 ⬭ 와 엽서 스무 ⬭ 을 샀다.
买了2支圆珠笔跟20张明信片。

❹ 세차장에서 세 ⬭ 이 택시 여섯 ⬭ 를 세차하고
오만 오천 ⬭ 을 벌었다.
在洗车场3个人洗了6台的士，赚了5万5千元。

❺ 축구경기를 보는 동안 담배 한 ⬭ 을 피우고 맥주 두 ⬭ 을 마셨다.
看足球比赛的时候抽了1盒烟，喝了2杯啤酒。

정답 卷子은요~~

① 편, 잔 ② 사람(명), 인분, 송이, 개 ③ 자루, 장 ④ 사람(명), 대, 원 ⑤ 갑, 병

29 방향 表达方位的词语

핵심정리문법
核心整理语法

"안" 与 "속" 很多时候可以通用，但用眼睛看着时用 "안"，
看不着时用 "속"。许多东西中间用 "가운데"。
"옆"，"곁" 都是 "~旁边"，"곁" 时用距离近。

가운데	中 / 中间	상하좌우	上下左右
옆, 곁	旁边	전후좌우	前后左右
위 / 상	上	왼쪽 / 좌	左
아래 / 하	下	오른쪽 / 우	右
앞 / 전	前	겉 / 외 / 밖	~外
뒤 / 후	后	안 / 내 / 속	~里

☆동서남북 东西南北

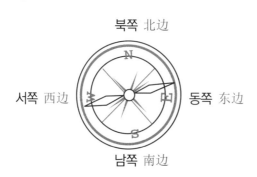

북쪽 北边

서쪽 西边   동쪽 东边

남쪽 南边

98

方位是名方向的位置。

四方位或基本方位就是东、西、南、北,

相对方位是前、后、左、右、上、下。

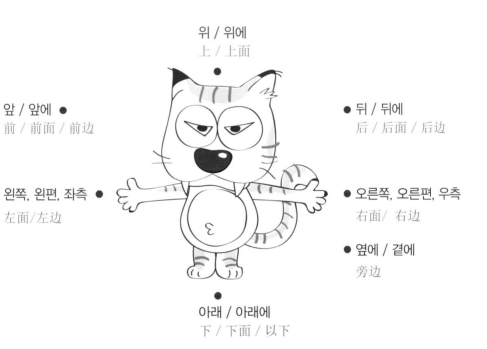

위 / 위에
上 / 上面

앞 / 앞에
前 / 前面 / 前边

뒤 / 뒤에
后 / 后面 / 后边

왼쪽, 왼편, 좌측
左面 / 左边

오른쪽, 오른편, 우측
右面 / 右边

옆에 / 곁에
旁边

아래 / 아래에
下 / 下面 / 以下

이리로 / 이쪽으로	往这边	저리로 / 저쪽으로	往那边
그리로 / 그쪽으로	往那边	어디로 / 어느쪽으로	往哪边

 注意 주의

"~로 / ~으로" 表示方向助词, 相当于汉语 "往, 向"。

다음의 그림에서 "●"을 기준으로 위치를 적어보세요.

请在下面的图中，以中心点为基准填写位置。

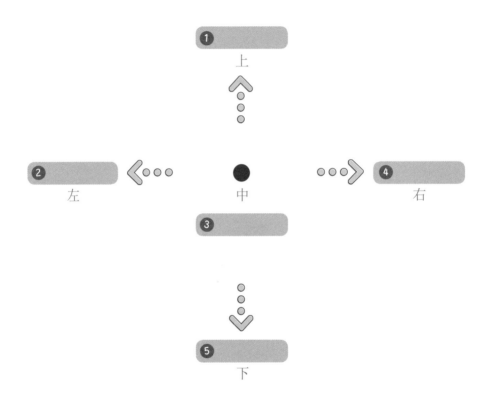

정답卷子은요~~

① 위 / 윗쪽   ② 왼쪽 / 왼편 / 좌측   ③ 가운데 / 중앙   ④ 오른쪽 / 오른편 / 우측   ⑤ 아래 / 아랫쪽

30

~아요. / ~어요.
~아요? / ~어요?

第17号已学习过 "~ㅂ니다, ~습니다." "ㅂ니까?, ~습니까?" 表示尊敬, 客气的语气。"~아요, ~어요." "~아요?, ~어요?" 同属尊敬阶, 比前者语气亲切, 多用于日常生活等 非正式场合。

阳性词干后接 "~아요. / ~아요?", 阴性词干后接 "~어요. / ~어요?"

区分 구분	基本形 기본형	词干 어간	敍述形 ~아요.	疑问形 ~아요?
阳性	살다 住	살	살아요.	살아요?
	많다 多	많	많아요.	많아요?
	가다 去	가	가요.(가아요.)	가요? (가아요?)
	오다 来	오	와요.(오아요.)	와요? (오아요?)

区分 구분	基本形 기본형	词干 어간	敍述形 ~어요.	疑问形 ~어요?
阴性	먹다 吃	먹	먹어요.	먹어요?
	길다 长	길	길어요.	길어요?
	마시다 喝	마시	마셔요.(마시어요.)	마셔요? (마시어요?)
	피우다 抽(烟)	피우	피워요.(피우어요.)	피워요? (피우어요?)

~ㅂ니다, ~ㅂ니까? / ~습니다, ~습니까?

区分 구분	基本形 기본형	词干 어간	敍述形 ~아요. /~ㅂ니다. ~습니다.	疑问形 ~아요? /~ㅂ니까? ~습니까?
阳性	살다 住	살	살아요. / 삽니다.	살아요? / 삽니까?
	많다 多	많	많아요. / 많습니다.	많아요? / 많습니까?
	가다 去	가	가요.　 / 갑니다.	가요?　 / 갑니까?
	오다 来	오	와요.　 / 옵니다.	와요?　 / 옵니까?

区分 구분	基本形 기본형	词干 어간	敍述形 ~어요. /~ㅂ니다. ~습니다.	疑问形 ~어요? /~ㅂ니까? ~습니까?
阴性	먹다 吃	먹	먹어요. / 먹습니다.	먹어요? / 먹습니까?
	길다 长	길	길어요. / 깁니다.	길어요? / 깁니까?
	마시다 喝	마시	마셔요. / 마십니다.	마셔요? / 마십니까?
	피우다 抽(烟)	피우	피워요. / 피웁니다.	피워요? / 피웁니까?

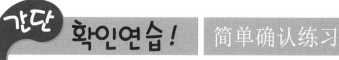 확인연습! 简单确认练习

아래의 ⬭ 에 있는 동사를 보기와 같이 만들어 보세요.
请参考例句，将下面的动词做一下变形。

| 보기 | 많다 多 | 많아요, 많습니다. | 많아요? 많습니까? |

❶ 날씨가 좋다.
天气很好。

❷ 소식이 빠르다.
消息很快。

❸ 낮잠을 자다
睡午觉

❹ 집에서 TV를 본다.
在家看电视。

❺ 혼자서 걷다
一个人走

정답 卷子은요~~

① 좋아요, 좋습니다. - 좋아요? 좋습니까? ② 빨라요, 빠릅니다. - 빨라요? 빠릅니까?
③ 자요, 잡니다. - 자요? 잡니까? ④ 봐요, 봅니다. - 봐요? 봅니까? ⑤ 걸어요, 걷습니다. - 걸어요? 걷습니까?

31 ~에서 出发点

表示行动的出发点，从什么地方，
还用在表示地点和场所的名词后。

~에서

例 어디에서　在哪里

　　가게에서　在商店

　　학교에서　在学校

　　역에서　　在车站

　　식당에서　在食堂

　　공원에서　在公园

확인연습! 简単确认练习

아래문장에서 출발점을 나타내는 조사를 모두 찾으세요.
请在下面的文章中，找出所有表示出发点的助词。

예시문장

어제는 아침부터 점심시간까지 지하철 잠실역에서 노래공연을 하고

저녁에는 올림픽공원에서 또 공연을 하고 집으로 돌아왔습니다.

중국어 해석

昨天从上午到中午在地铁蚕室站公演以后，晚上又在奥林匹克公园公演以后回家了。

정답 卷子은요~~
....

잠실역에서, 올림픽공원에서

~에게 / ~한테 与格助词

用在表示给(某人)时, 人或物的名词, 代名词后。

人和物以外的物体后接 "~에 / ~에게 / ~한테" 用于口语。

"给~向, 给~对" 的意思。

与格助词	~에게 / ~한테

例   누구에게, 누구한테   给谁

그녀한테   向她

꽃에 물을 줍니다.   给花浇水

간단 확인연습! 简单确认练习

"에게"와 "한테"가 들어갈 수 있는 문장을 찾으세요.
请找出能填入 "에게" 和 "한테" 的句子。

❶ 누구 ⬚ 주었습니까?
给谁？

❷ 친구 ⬚ 엽서를 썼습니다. ▶ 엽서 明信片
给朋友明信片。

❸ 버스 ⬚ 학교에 갑니다.
做公共汽车上学。

❹ 그 핸드폰은 어디 ⬚ 샀습니까? ▶ 핸드폰 手机
手机在哪儿买的？

❺ 한국에서는 밥을 먹을 때, 숟가락과 젓가락 ⬚ 먹습니다.
在韩国吃饭的时候，用餐匙和筷子。 ▶ 숟가락 餐匙，匙子
▶ 젓가락 筷子

정답 卷子은요~~

① 에게, 한테   ② 에게, 한테   ③ 로   ④ 에서   ⑤ 으로

33

~에게서 / ~한테서 / ~에서 / ~부터
助词

用表示从(某人处), 人或物的名词, 代名词后接
"~에게서", "~한테서", 表示地点的出发场所用 "~에서",
表示时间的出发点用 "~부터"。

~에게서 / ~한테서 / ~에서 / ~부터

| 기인, 출처 | 선생님에게서 / 선생님한테서 | 从老师那儿 |

| 장소 | 여기에서 서울까지 | 从这儿到首尔 |
| | 서울에서 부산까지 | 从首尔到釜山 |

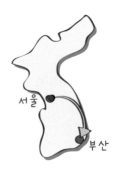

| 시간 | 아침부터 저녁까지 | 从早上到晚上 |

33 본문을 참조하여 알맞은 조사를 선택해서 넣으세요.

请参考课文，选择适当的助词并填空。

❶ 이곳 ⬚ 2일 동안 야영을 할 것입니다.

▶ 야영 野营

二日期间在这野营。

❷ 누구 ⬚ 그런 말을 배웠습니까?

跟谁学的这些话？

❸ 3월 ⬚ 봄이 시작됩니다.

3月份开始是春天。

❹ 이 소문은 그 ⬚ 비롯되었다(시작되었다).

这个消息是从他那里传出的。

❺ 룸메이트 ⬚ 한번 부탁해보세요.

▶ 룸메이트 室友
▶ 부탁하다 托付

给室友托付一下。

정답 卷子은요~~

① 에서 ② 에게(서), 한테(서) ③ 부터 ④ 에게서 ⑤ 에게

34

~로 / ~으로 助词

该助词有很多用法, 表示 "手段", "工具", "方向", "材料" 等语法意义。相当于汉语的 "用", "以"。

用, 以	~로 / ~으로

例 버스로 갑니다.　　　　　　　坐公共汽车去。

한국어로 이야기 합니다.　　　用韩国语讲。

무엇으로 먹나요?　　　　　　用什么吃?

核心整理

○ 元音 "ㄹ" 韵尾结束的体词 + 로

○ "ㄹ" 韵尾以外的韵尾结束的体词 + 으로

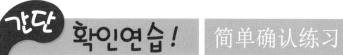

문장에 조사 "로", "으로" 중에서 적당한 조사를 넣으세요.
请填入助词 "로" 或 "으로"，完成下列句子。

❶ KTX [　] 부산에 다녀왔습니다.　　　　　　　▶ 부산(지명) 釜山
坐KTX去了釜山。

❷ 유럽에서 온 유학생 소피아와 제시카는
한국어 [　] 이야기 하고 있습니다.
从欧洲来的留学生索非亚和杰西佧在说韩国语。

❸ 이번 여름방학에는 배 [　] 중국 배낭여행을 갑니다. ▶ 배낭여행 背包旅行
这次暑假做船去中国背包旅行。

❹ 저녁은 양식 [　] 먹읍시다.
晚饭吃洋式料理。

❺ 501번 버스는 명륜동 [　] 가나요?　　　　　　　▶ 명륜동(지명) 明伦洞
501号公共汽车去明伦洞吗?

정답 卷子은요~~

① 로　② 로　③ 로　④ 으로　⑤ 으로

35 았 / 었 过去时制词尾

谓词的过去时制词尾, 阳性词干后接 "~았",

阴性词干后接 "~었"。注意 "~하다" 词干后接 "~였"。

阳性词干

区分 구분	基本形 기본형	词干 어간	过去形 ~았다.	敍述形 ~았아요.	疑问形 ~았아요?
阳性 词干	놀다 玩	놀	놀았다.	놀았어요.	놀았어요?
	작다 小	작	작았다.	작았어요.	작았어요?
	사다 买	사	*사았다(샀다).	샀어요.	샀어요?
	오다 来	오	*오았다(왔다).	왔어요.	왔어요?

注意 주의

*左边就是语法上表记方法, 但日常用右边的( )
中表记内容。

核心整理

○ **阳性词干** + 았

○ **阴性词干** + 었

○ **하다** 词干 + 였 (**缩略形**：~하였다 = ~했다)

阴性词干

区分 구분	基本形 기본형	词干 어간	过去形 ~었다.	敍述形 ~었어요.	疑问形 ~었어요?
阴性 词干	읽다 读	읽	읽었다.	읽었어요.	읽었어요?
	적다 少	적	적었다.	적었어요.	적었어요?
	주다 给	주	*주었다(줬다).	주었어요.(줬어요)	주었어요?(줬어요?)
	배우다 学习	배우	*배우었다(배웠다).	배웠어요.	배웠어요?

注意 주의

*"주었다","줬다"日常会话中都能用。
"배우었다","배웠다"中不用"배우었다",用"배웠다"。

区分 구분	基本形 기본형	词干 어간	过去形 ~하였다.	敍述形 ~했어요.	敍述形 ~했어요?
~하다 词干	일하다 做	일하	일하였다. (일했다.)	일하였어요. (일했어요.)	일하였어요? (일했어요?)
	전화하다 打电话	전화하	전화하였다. (전화했다.)	전화하였어요. (전화했어요.)	전화하였어요? (전화했어요?)
	연락하다 连络	연락하	연락하였다. (연락했다.)	연락하였어요. (연락했어요.)	연락하였어요? (연락했어요?)

注意 주의

日常会话中用（　　　），就是缩略形。

词干末音节元音 "ㅐ" 与过去时制 "었", 缩写成 "앴"。

区分 구분	基本形 기본형	词干 어간	过去形 ~내었다.	敍述形 ~냈어요.	疑问形 ~냈어요?
词干 未音节 元音 ㅐ	보내다 送	보내	보내었다. (보냈다.)	보냈어요.	보냈어요?
	지내다 度过	지내	지내었다. (지냈다.)	지냈어요.	지냈어요?
	써내다 写出	써내	써내었다. (써냈다.)	써냈어요.	써냈어요?

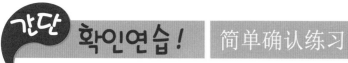 

확인연습! 简单确认练习

다음의 동사를 보기와 같은 과거형으로 바꾸세요.
请参考例子，将下面的动词改为过去型。

보기 놀다 玩 　　　　　　　　　놀았다.

❶ 친구를 만나다
见朋友

❷ 노트북을 빌리다
借笔记本

▶ 노트북 笔记本

❸ 매일 한국어를 배우다
每天学韩国语

❹ 매일 아침 연락을 한다
每天早晨聯系

❺ 생일 케이크를 보내다
送生日蛋糕

▶ 생일 케이크 生日蛋糕

❻ 기념품을 사다
买纪念品

정답 卷子은요~~

① 친구를 만났다.　　　② 노트북을 빌렸다.　　　③ 매일 한국어를 배웠다.
④ 매일 아침 연락을 하였다(했다).　　　⑤ 생일 케이크를 보냈다.　　　⑥ 기념품을 샀다.

36 ㄷ 音变规则

动词词干中的末音节韵尾 "ㄷ" 与元音结合时，
"ㄷ" 变为 "ㄹ"。这叫 "ㄷ" 音变规则, 有的也不变化。

"ㄷ" 音变规则

$$-ㄷ + 아 = ㄹ + 아$$
$$-ㄷ + 어 = ㄹ + 어$$
$$-ㄷ + 으 = ㄹ + 으$$

기본형	~어요.	~읍시다.	~었습니다.
걷다 走	걸어요.	걸읍시다.	걸었습니다.
묻다 问	물어요.	물읍시다.	물었습니다.
묻다 埋	묻어요.	묻읍시다.	묻었습니다.
받다 接受	받아요.	받읍시다.	받았습니다.

核心整理

○ "~읍시다 / ~합시다" : ~吧。

○ "같이(함께) ~읍시다 / ~합시다" : 一起~吧。

 을 알맞게 채우세요.
请完成填空。

1 걷다 　　　　시다. 　　걸었습니다.
　　走 　　　　走吧。 　　　　走了。

2 묻다 　　물읍시다. 　　　　　습니다.
　　问 　　　问吧。 　　　　　问了。

3 듣다 　　　　시다. 　　　　　습니다.
　　听 　　　　听吧。 　　　　　听了。

4 받다 　　　　시다. 　　　　　습니다.
　　收 　　　　收吧。 　　　　　收了。

5 묻다 　　　　시다. 　　　　　습니다.
　　埋 　　　　埋吧。 　　　　　埋了。

정답 卷子은요~~

① 걸읍 　② 물었 　③ 들읍, 들었 　④ 받읍, 받았 　⑤ 묻읍, 묻었

핵심정리문법
核心整理语法

37 으 词干

词干的末音节的元音"으"与"아","어"结合时,"으"音脱落。

"으" 词干

❶바쁘다　　바쁘 + 아요 ➡ 바빠요
　忙　　　　　┗탈락┛

❷쓰다　　　　쓰 + 어 ➡ 써
　写　　　　┗탈락┛

例 아프다 疼　　　아프아요 ➡ 아파요

　배고프다 饿　　배고프아요 ➡ 배고파요

　끄다 关　　　　끄어요 ➡ 꺼요

　예쁘다 漂亮　　예쁘어요 ➡ 예뻐요

보기와 같이 변화의 단계에 따라서 나타나는 현상을 만들고 지적하세요.

请参考例子，写出根据变化阶段所出现的现象，并标示出来。

보기	쓰다 用	쓰어요	써요.
		어간에 "어"가 와서	어간의 "—"가 탈락하였다

❶ 일이 무척 바쁘다.
事情非常忙。

❷ 불을 끄다
关灯

❸ 배가 많이 고프다.
肚子非常饿。

정답卷子은인~~

① 바쁘아요 (어간에 "아" 가 와서) – 바빠요. (어간에 "—" 가 탈락했다)
② 끄어요 (어간에 "어" 가 와서) – 꺼요. (어간에 "—" 가 탈락했다)
③ 고프아요 (어간에 "아" 가 와서) – 고파요. (어간에 "—" 가 탈락했다)

38 尊敬语

韩国语的敬语比较发达, 即便是对比较亲近的人,
也要使用敬语对人。

表示尊敬的先语末语尾 "~시", "~으시" 的连接方法
以元音结束的词干和 "ㄹ" 词干后接 "~시",
以辅音结束的词干后接 "~으시"。

元音 + 시

尊敬形 "ㄹ" 词干 + 시 ㄹ탈락

辅音 + 으시

普通文 책을 읽는다. 读书

敬语文 책을 읽으십니다. 读书

1/ 元音词干

基本形	尊敬形	普通尊敬形	尊敬 + 过去
가다 去	가십니다.	가시어요. 가셔요. / 가세요.	가시었습니다. 가셨습니다.
보다 见	보십니다.	보시어요. 보셔요. / 보세요.	보시었습니다. 보셨습니다.
쓰다 写	쓰십니다.	쓰시어요. 쓰셔요. / 쓰세요.	쓰시었습니다. 쓰셨습니다.

注意 주의

"가셔요/가세요", "가셨습니다"＝日常会话中使用缩略形。
"～세요" 比 "～셔요" 更常用。

2/ 辅音词干

基本形	尊敬形	普通尊敬形	尊敬 + 过去
읽다 读	읽으십니다.	읽으시어요. 읽으셔요. / 읽으세요.	읽으시었습니다. 읽으셨습니다.
앉다 坐	앉으십니다.	앉으시어요. 앉으셔요. / 앉으세요.	앉으시었습니다. 앉으셨습니다.
입다 穿	입으십니다.	입으시어요. 입으셔요. / 입으세요.	입으시었습니다. 입으셨습니다.

3 "ㄹ" 词干

基本形	尊敬形	普通尊敬形	尊敬 + 过去
살다 居住	사십니다.	사시어요. 사셔요. / 사세요.	사시었습니다. 사셨습니다.
걸다 挂	거십니다.	거시어요. 거셔요. / 거세요.	거시었습니다. 거셨습니다.
알다 知道	아십니다.	아시어요. 아셔요. / 아세요.	아시었습니다. 아셨습니다.

그 분은
저기에 사십니다.

核心整理

○ 元音 + 시

○ "ㄹ" 词干 + 시 ("ㄹ" 탈락)

○ 辅音 + 으시

간단 확인연습! · 简单确认练习

다음의 문장들을 존경어를 사용하여 완성해보세요.
请使用敬语来完成下列句子。

❶ 아버지가 점심밥을 먹습니다.
父亲在吃饭。

❷ 어머니가 요리를 한다.
母亲在做料理。

❸ 선생님이 집으로 갑니다.
老师回家。

❹ 형님이 신문을 읽고 있어요.
哥哥在读报纸。

❺ 사장님이 직접 운전을 할 겁니다.
老板亲自开车。

정답 卷子을요~~

① 아버지께서 점심식사를 드십니다.(잡수십니다.) ② 어머니께서 요리를 하십니다.
③ 선생님께서 집으로 가십니다. ④ 형님께서 신문을 읽고 계십니다.(읽고 있으십니다.)
⑤ 사장님께서 직접 운전을 하실 겁니다.

39 特殊的尊敬语

韩国语词汇也有许多特殊的尊敬语。

谓词

基本型 기본형	尊敬语 존경어	基本型 기본형	尊敬语 존경어
있다 在, 有	계시다	자다 睡	주무시다
먹다 吃	드시다	죽다 死	돌아가시다
	잡수시다	아프다 疼	편찮으시다

助词

基本型 기본형	尊敬语 존경어	基本型 기본형	尊敬语 존경어
~는, ~은	~께서는	~가, ~이	~께서
~도	~께서도	~에게, ~한테	~께

名词

基本型 기본형	尊敬语 존경어	基本型 기본형	尊敬语 존경어
말 话	말씀	아버지 爸爸	부친
밥 饭	진지	어머니 妈妈	모친
집 家	댁	이름 名字	성함, 함자
나이 年龄	연세, 춘추	병 病	병환

다음 단어의 존경어를 써보세요.
请写出下列单词的敬语。

❶ 있다 [　　　　]　먹다 [　　　　]　자다 [　　　　]
　在　　　　　　　吃　　　　　　　睡

❷ 말 [　　　　]　밥 [　　　　]　집 [　　　　]　나이 [　　　　]
　话　　　　　　饭　　　　　　家　　　　　　年龄

❸ ～은 / ～는 / ～이 / ～가 [　　　　]
　主格助词, 表示主语。

정답 卷子은인~~

─────────────────────────────────

① 계시다, 드시다(잡수시다), 주무시다　② 말씀, 진지, 댁, 연세(춘추)　③ ～께서(는)

~(으)세요. / ~(으)세요?
~(으)십시오. / ~지 마십시오.

元音词干

基本形	尊敬阶阵述	疑问形词尾	敬阶命令形词尾	尊敬阶禁止命令形词尾
기본형	~(으)십니다. ~(으)세요.	~(으)십니까? ~(으)세요?	~(으)십시오. ~(으)세요.	~지 마십시오. ~지 마세요.
가다 去, 走	가십니다. 가세요.	가십니까? 가세요?	가십시오. 가세요.	가지 마십시오. 가지 마세요.
보다 看, 见	보십니다. 보세요.	보십니까? 보세요?	보십시오. 보세요.	보지 마십시오. 보지 마세요.

"ㄹ"词干

基本形	尊敬阶阵述	疑问形词尾	敬阶命令形词尾	尊敬阶禁止命令形词尾
기본형	~(으)십니다. ~(으)세요.	~(으)십니까? ~(으)세요?	~(으)십시오. ~(으)세요.	~지 마십시오. ~지 마세요.
걸다 挂	거십니다. 거세요.	거십니까? 거세요?	거십시오. 거세요.	걸지 마십시오. 걸지 마세요.
열다 开	여십니다. 여세요.	여십니까? 여세요?	여십시오. 여세요.	열지 마십시오. 열지 마세요.

表示尊敬客气的终结词尾 "~(으)십니다. ~(으)십니까?" 显得客气,生硬,与比较亲近的人说话。可用比上句节 "~(으)십니다. ~(으)십니까?" 柔和,亲切的 "~(으)세요. ~(으)세요?"。

同样道理,尊敬阶命令形 "~(으)십시오." 禁止命令形 "~지 마십시오." 根据需要可选用 "~아요, ~어요, ~(으)세요, ~지 마세요." 来代替。

辅音词干

基本形	尊敬阶陈述	疑问形词尾	敬阶命令形词尾	尊敬阶禁止命令形词尾
기본형	~(으)십니다. ~(으)세요.	~(으)십니까? ~(으)세요?	~(으)십시오. ~(으)세요.	~지 마십시오. ~지 마세요.
앉다 坐	앉으십니다. 앉으세요.	앉으십니까? 앉으세요?	앉으십시오. 앉으세요.	앉지 마십시오. 앉지 마세요.
읽다 读	읽으십니다. 읽으세요.	읽으십니까? 읽으세요?	읽으십시오. 읽으세요.	읽지 마십시오. 읽지 마세요.

읽지 마!!!

다음 문장에 나오는 동사를 보기처럼 만드세요.
请参考例子，将下面句子中的动词做一下变形。

| 보기 | 보다 观看 | 보세요. | 보십시오. | 보지 마십시오. |

❶ 체육관에 가다
去体育馆

❷ 개인 전시회를 부산에서 열다
在釜山开个人展示会

❸ 일본에 살다
主日本

❹ 소설을 읽다
读小说

❺ 그림을 그리다
画画儿

정답 卷子은요~~

① 가세요. – 가십시오. – 가지 마십시오.　　② 여세요. – 여십시오. – 열지 마십시오.
③ 사세요. – 사십시오. – 살지 마십시오.　　④ 읽으세요. – 읽으십시오. – 읽지 마십시오.
⑤ 그리세요. – 그리십시오. – 그리지 마십시오.

핵심정리문법
核心整理语法

41

ㄹ词干

"걸다(挂), 놀다(玩), 졸다(困)" 等动词及 "길다(长), 달다(晒)"
等形容词, 其后若接 "ㄴ / ㅂ / ㅅ / 오" 等音时, "ㄹ" 音脱落。

"ㄹ" 词干

基本型 기본형	~ㅂ니다.	~십니다.	用例 예	
살다 住	삽니다.	사십니다.	사는 집	居住的家
걸다 挂	겁니다.	거십니다.	족자를 거는 사람 挂画轴的人	
놀다 玩	놉니다.	노십니다.		
졸다 困	좁니다.	조십니다.		
몰다 赶	몹니다.	모십니다.	마차를 몰다	赶马车
길다 长	깁니다.		긴 머리	长发
달다 晒	답니다.			

확인연습! 简单确认练习

다음의 동사를 보기의 형태로 변형시켜보세요.
请参考例子，将下面的动词做一下变形。

| 보기 | 청주에 살다 | 청주에 사십니다. 主在清州。 |

❶ 선생님은 전화를 걸다

老师在打电话。

❷ 옷을 옷걸이에 걸다

把衣服挂在衣架上。　　▶ 옷걸이 衣架

❸ 할아버지는 정자에서 놀다

爷爷在亭子里休息。　　▶ 정자 亭子

❹ 삼촌은 차안에서 졸다

叔叔在车上打瞌睡。

❺ 누나는 트럭을 몰다

姐姐在开货车(卡车)。

정답 卷子은은~~

① 선생님은 전화를 거십니다.　② 옷을 옷걸이에 거십니다.　③ 할아버지는 정자에서 노십니다.
④ 삼촌은 차안에서 조십니다.　⑤ 누나는 트럭을 모십니다.

Track
43

~ㄹ까요? / ~을까요?

当说话者向对方征求意见时用的终结词尾。以元音结尾的词干后用 "~ㄹ까요?", 以韵尾 "ㄹ" 结束的词干的 "ㄹ" 脱落, 后接 "~ㄹ까요?" 以辅音结束的词干后用 "~을까요?"。主语为第三人称时, 表示疑问或推测。

元音词干

基本形 기본형	表示推测
쓰다　写	쓸까요?
만나다 见面	만날까요?

"ㄹ" 词干

基本形 기본형	表示推测
걸다 挂	걸까요? ㄹ脱落
놀다 玩	놀까요? ㄹ脱落

辅音词干

基本形 기본형	表示推测
찾다 找, 查	찾을까요?
찍다 摄影	찍을까요?

"ㅂ" 变音

基本形 기본형	表示推测
돕다 帮助	도울까요?
굽다 烤	구울까요?

"ㄷ" 变音

基本形 기본형	表示推测
듣다 听	들을까요?
묻다 问	물을까요?

아래의 동사를 상대방의 의견이나 동의를 구하는 형태의 문장으로 만드세요.

请把下面的动词，改为表示争取对方意见或同意的形式。

❶ 음료수를 마시다
喝饮料

▶ 음료수 饮料

❷ 레스토랑에 가다
去西式饭店

❸ 어머니의 일을 돕다
帮妈妈干话

❹ 후보자의 연설을 듣다
听候选人的演说

▶ 후보자 候选人
▶ 연설 演说

❺ 스스로 챙겨 먹다
自己吃(自己准备吃)

정답 卷子은인~~

① 음료수를 마실까요?　② 레스토랑에 갈까요?　③ 어머니의 일을 도울까요?
④ 후보자의 연설을 들을까요?　⑤ 스스로 챙겨 먹을까요?

43

~ㅂ시다. / ~읍시다.

向听者发出劝诱的共动式终结词尾。以 "~ㄹ까요?",
"~을까요?" 所表示的 "做~吧"。的意义更明确。
接在词干后的方法如下：

元音词干

基本型 기본형		劝诱型 청유형(一起做~吧。)	
쓰다	写	씁시다.	一起写吧。
만나다	见面	만납시다.	见个面吧。

"ㄹ" 词干

基本型 기본형		劝诱型 청유형(一起做~吧。)		
걸다	挂	겁시다.	ㄹ脱落	挂月历吧。
놀다	玩	놉시다.	ㄹ脱落	一起玩吧。

辅音词干

基本型 기본형		劝诱型 청유형(一起做~吧。)	
찾다	找, 查	찾읍시다.	查字典吧。
찍다	拍照	찍읍시다.	照相吧。

"ㅂ" 変音

基本型 기본형		劝诱型 청유형(一起做～吧。)
돕다	帮助	도웁시다. 一起帮～吧。
굽다	烤	구웁시다. 烤吧。

"ㄷ" 変音

基本型 기본형		劝诱型 청유형(一起做～吧。)
듣다	听	들읍시다. 听吧。
묻다	问	물읍시다. 问问吧。

명동백화점 가는 버스가
몇 번인가요?

확인연습! | 简单确认练习

다음을 청유형의 문장으로 만들어 보세요.
请把下列句子，改为劝诱型。

① 기차를 타다
坐火车

② 잠깐 쉬다
休息一会儿

③ 전등을 끄다
关灯

④ 고기를 굽다
烤肉

⑤ 주차장을 찾다
找停车场

▶ 주차장 停车场

정답 卷子은요~~

① 기차를 탑시다. ② 잠깐 쉽시다. ③ 전등을 끕시다. ④ 고기를 구웁시다. ⑤ 주차장을 찾읍시다.

핵심정리문법
核心整理语法

44

~겠

接在为词词干后，第一，主语为第一人称阵述句时，表示主体的意志。第二，主语为第二人称疑问句时，表示询问对方的意志。"~겠" 还可以和表示尊敬的先语末语尾 "~시"，"~으시" 结合使用。

元音词干

基本形	一般阵述	一般疑问	加表示尊敬的
가다 去	가겠어요. 가겠습니다.	가겠어요? 가겠습니까?	가시겠어요? 가시겠습니까?
사다 买	사겠어요. 사겠습니다.	사겠어요? 사겠습니까?	사시겠어요? 사시겠습니까?

"ㄹ" 词干

基本形	一般阵述	一般疑问	加表示尊敬的
살다 生活	살겠어요. 살겠습니다.	살겠어요? 살겠습니까?	사시겠어요? 사시겠습니까?
걸다 挂	걸겠어요. 걸겠습니다.	걸겠어요? 걸겠습니까?	거시겠어요? 거시겠습니까?

辅音词干

基本形	一般阵述	一般疑问	加表示尊敬的
읽다 读	읽겠어요. 읽겠습니다.	읽겠어요? 읽겠습니까?	읽으시겠어요? 읽으시겠습니까?
듣다 听	듣겠어요. 듣겠습니다.	듣겠어요? 듣겠습니까?	들으시겠어요? 들으시겠습니까?

간단 확인연습! 简单确认练习

보기와 같은 형태로 만들어 보세요.

请参考例句，做一下句子变形。

보기 내일 다시 방문합니다.   내일 다시 방문하겠습니다.

明天再访问。   明天会再访问。

❶ 맥주를 마십니다.

喝啤酒。

❷ 10분 후에 전화를 겁니다.

10分钟后打电话。

❸ 촬영을 끝냅니다.

结束摄影。

▶ 촬영 撮影

❹ 터미널에서 기다립니다.

在终点站等。

▶ 터미널 终点站

❺ 스파게티를 먹습니다.

吃意大利面。

▶ 스파게티 意大利面

정답 卷子은은~~

① 맥주를 마시겠습니다.   ② 10분 후에 전화를 걸겠습니다.   ③ 촬영을 끝내겠습니다.

④ 터미널에서 기다리겠습니다.   ⑤ 스파게티를 먹겠습니다.

핵심정리문법
核心整理语法

45

~러 / ~으러

动词词干后接"~러","~으러"表示动作的目的,
其后的动作多为"가다(去), 오다(来)"等绉向动作。

动词词干后接"~러", "~으러"表示动作的目的。

元音词干

+ 러

目的 + "ㄹ"词干 = 去干…. / 为干….

辅音词干 + 으러

例	하다 做	무엇을 하러 갑니까?	干什么去?
	사다 买	필름을 사러 갑시다.	去买胶卷吧。
	걸다 挂	전화를 걸러 왔어요.	我来打电话来了。
	놀다 玩	한국에 놀러 갈까요?	去韩国旅游吗?
	찍다 摄影	사진을 찍으러 가겠어요?	去照相吗?
	먹다 吃	저녁을 먹으러 오겠습니다.	我要来吃晚饭。

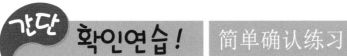

밑줄친 부분을 보기와 같이 목적을 나타내는 문장으로 만드세요.
请参考例子，将标有 "____" 的单词改为表示目的的句子。

보기　슈퍼에 우유를 <u>사러</u> 갔어요. 为了买牛奶去超市。

❶ 서점에 책을 <u>사다</u> 갑니다.　为了买书去书店。

❷ 학교 운동장에 축구 <u>하다</u> 갑니다.　为了踢足球去运动场。

❸ 친구와 한국음식을　为了吃韩国饮食

　<u>먹다</u> 전통음식점에 가려고 합니다. 跟朋友一起去传统饮食店。

▶ 전통음식점 传统饮食店

❹ 책을 <u>빌리다</u> 도서관에 왔습니다.　为了借书来图书馆。

❺ 계곡에 <u>놀다</u> 갈까요? 去溪谷玩吗?

▶ 계곡 溪谷

정답 卷子은요~~

① 사러　② 하러　③ 먹으러　④ 빌리러　⑤ 놀러

~보다 ~比~
~보다는 ~比~较
~보다도 ~比~更

"~보다" 表示比较, 相当于汉语的 "~比~", 其后常接助词 "~는" 或 "~도" 构成 "~보다는", "~보다도" 的形式, 相当于汉语的 "~比 ~较", " ~比~更"。

~보다 = ~比~

例 제주도보다 오키나와가 더 따뜻해요?

冲绳比较济州道更暖和吗?

~보다는 = ~比~较

例 신랑은 커피보다는 홍차를 잘 마셔요.

与咖啡相比, 丈夫更爱喝红茶。

~보다도 = ~比~更

例 야구보다도 축구가 더 인기가 있어요.

与棒球相比, 足球更有人气。

확인연습! 简单确认练习

다음의 내용을 잘 읽고 비교급을 사용하여 문장을 완성해보세요.
请仔细读下面的内容，并使用比较文来完成句子。

❶ 부산 / 서울 / 크다

比釜山汉城更大。

❷ 나는 / 여름 / 겨울 / 좋다

我比夏天更喜欢冬天。

❸ 동생은 / 야구 / 축구 / 더 / 잘해요

与棒球相比，弟弟更会踢足球。

❹ 한국에서는 / 중국어 / 영어 / 더 / 열심히 해요

与汉语相比，在韩国更努力学英语。

❺ 어린아이 / 국수 / 라면 / 더 / 좋아해요

小孩子们比面条更喜欢方便面。

▶ 국수 面条

정답卷子은요~~

① 부산보다 서울이 크다. ② 나는 여름보다는 겨울이 좋다.
③ 동생은 야구보다도 축구를 더 잘해요. ④ 한국에서는 중국어보다는 영어를 더 열심히 해요.
⑤ 어린아이들은 국수보다는 라면을 더 좋아해요.

作者简介 金清焕

韩国语文学、东方哲学、汉语专业毕业。
韩国诗人及专栏作家
曾任教于韩国的又松大学，艺苑艺术大学。
现任教于全北大学，全洲大学，韩国放送通信大学。
译者《苏轼的诗世界与评论–东坡题跋3.4》新盛出版社 (2008)
论文《关于节义精神的考察》苏洲教育学院学报 (2007)
　　《通过孙子兵发的应用术看古典可用性考察》东洋古典研究 (2008)
　　《利用意识沟通教授法解析韩国语教学》韩国思想与文化 (2009)
　　《禅与诗共存的妙悟一考》温知论丛 (2010)
　　《关于壬辰倭乱与即以精神的表仪小考》温知论丛 (2012)
　　除此之外还有大量论文
节目 ：SBS(CJB) 特邀演讲——相信命运不如相信自己；
美丽的想遇，美丽的姻缘等教养讲座。
"扶余古都学术研究"，"任实郡厅希望学术研究" 等教养、文化讲座。

저자 김청환
2판 1쇄 2019년 5월 1일　　　발행인 김인숙　　　　발행처 (주)동인랑
Editorial Director 김인숙 · 김혜경　　Designer / Illustrator 김미선
Printing 삼덕정판사

139-240
서울시 노원구 공릉동 653-5

대표전화 02-967-0700
팩시밀리 02-967-1555
출판등록 제 6-0406호
ISBN 978-89-7582-584-2

©2019, Donginrang Co., Ltd.

본 교재에 수록되어 있는 모든 내용과 사진, 삽화 등의 무단 전재 · 복제를 금합니다.

All right reserved. No part of this book or audio CD may be reproduced or transmitted in any form or by any means, without permission in writing from the publisher.

동인랑 에서는 참신한 외국어 원고를 모집합니다.